頼朝と尊氏

和邦夫
Yamato Kunio

一般財団法人 大蔵財務協会

はじめに

中世武士政権、幕府支配体制を樹立したのは、源頼朝、足利尊氏である。

武士は平安時代後期に出現、次第に力をつけ、政治を左右する力を持つに至る。鳥羽上皇没後に天皇家の内紛で生じた保元の乱（１１５６年）が武士同士の戦で決したことで、乱後、慈円は「武者の世が到来した」と述べている。

保元・平治の乱、平清盛の隆盛、源氏平氏の戦を経て源頼朝が始めて武士政権、鎌倉幕府を創設。その後、後鳥羽上皇による承久の乱、後醍醐の朝廷の政権回復の戦があり、後醍醐に与した勢力に敗れ、鎌倉北条政権は倒れた。しかし、後醍醐の復古政治は武士層の要望に応えるものではなく、輿望は足利尊氏に集まり、尊氏が足利幕府を開設、南北朝内乱を制し、足利幕府により武士の世は確立、その後、武士政権は徳川時代まで続いた。家康は頼朝を武士政治の創始者として尊敬している。

本書は、武士の出現、その勢力の伸長、源頼朝の鎌倉幕府創設と北条執権政治の興亡、建武新政を挟んで足利尊氏による足利幕府樹立までの政治史を記述した。

後三条の院政開始（１０７２年）から１５６８年の足利義昭を擁した信長上洛までを中世と捉えるのが一般的であるが、本書はその前半部分を記述している。

本書を通じて、武士政権を築いた人々の生き様、時代の大きな流れを見て頂ければ幸いである。

目次

第5章　頼家、実朝の時代―源氏将軍3代で終わる

第11章　後醍醐と尊氏の戦、南北朝の始まり

第12章　足利尊氏―足利幕府開設と内紛、南北朝

第1章

公地公民制度崩壊と武士の出現、武門源氏平氏の成立

1　公地公民制度の崩壊

公地公民制度

公地公民制度を基礎とした天皇集権、律令国家の建設は、大陸に出現した超大国唐への対応の必要から孝徳・中大兄皇子による大化の改新（６４５年）に始まり、７世紀後半の天智、天武、持統により急速に進められ、７０２年（大宝２年）の大宝律令施行をもって制度は完成した。国の全ての土地、人民を天皇支配の下におき、全国の戸籍を作成、全ての民に一定の基準で農地を班給、租税負担、兵役、公の役務の提供を定め、これまでの土地、人民の所有者であった豪族は朝廷の官吏とし、中央、地方の職務と対応する地位と報酬（封戸）を与える統治体制であった。

その施行の実態は、７１１年（和銅４年）の『続日本紀』に、「親王以下の豪強の家が山野を独占、百姓の業を妨げる、無断の空閑地の開墾、田租を収納する蔵の存在の虚偽・無実、農民の流浪・逃亡、調庸の貢納が国司の怠慢で時期を違えるなどの不法行政があらゆる分野に及ぶ」と記されており、所期の運営がなされていなかったと思われる。

開発私領の公認

７２３年（養老３年）に、田地不足解消のため開墾を奨励するとの理由で三世一身法《さんぜいっしんほう》が出され、田地を開墾した者の田地は３代の間は収公しないこととした。

７４３年（天平15年）に、三世一身法では三代経つと開墾した田地が収公されるため、収公の時期が近くなると墾田を放置、荒地化する状況が生じているので、それを防ぐとの理由で墾田永代私財法が制定され、身分により面積の限度は設けたが、その範囲内であれば墾田の永代私有を認めることとした。開発私領に法的根拠を与えたことになる。

８世紀後半では、開発地に不入不輸（公権力の介入排除、租税免除）の特典は無く、また、営農に周辺の公領から賃借耕作民が得られなければ耕作できず、荒廃田に戻ってしまう状況もあったとされる。

戸籍・班田支給維持の困難化、天皇集権の形骸化

・８世紀末から９世紀にかけて、貢納、徭役負担に耐えられない公民の逃亡・流浪、負担を免れるため男を女と偽る偽籍の流行で正確な戸籍作成が困難となる一方、班給する田地の不足などの事情が生じ、９世紀末には戸籍作成と班田支給が行われなくなった。

・また、９世紀後半には気温低下、10世紀前半には気温上昇の気候変動があり、天候不順、

降水量増加、河川氾濫などが頻発、古墳時代から続いた多くの集落が姿を消し、中世に続く集落の多くは11世紀に営まれ始めたとされる。

・9世紀以降の平安京に都を置いた時代は、大きな内乱、国際的な緊張、外敵侵攻もなく、次第に天皇は政のシンボル、神の祭祀者として存在すれば足りる時代となる。公民の兵役で構成された軍団は廃止され（792年）、郡司の子弟などで構成される健児制《こんでいせい》に代わる。朝廷の政は藤原氏による摂関政治となり、藤原氏を中心とする貴族層の関心は、専ら自らの地位と富を得ることに集中する。一方、源氏物語（彰子女房紫式部作）や枕草子（定子女房清少納言作）などの女房文学を始め平安文化の花が開いた。

2　武士の出現

武士の出現

・武士の出現は9世紀末から10世紀初頃とされ、「兵《つわもの》」、「武者《むしゃ》」、「武夫《もののふ》」と呼ばれた。「武士」の語は、朝廷に仕える武芸の者として続日本紀に見られ、職制としての武士は「滝口武士」（内裏の警護役、9世紀末宇多天皇の頃設置とされる）からとされる。

・在郷の者の中から富農層が発生する。私出挙（稲の貸付）を通じて富を蓄え、田地の開発、荒廃口分田の再開発を請負うなど様々な手法で田地を集積、小農を束ね、没落流亡・浮浪の百姓を入れて私的に田地を経営する富農が発生した。郡司、郷司、里長、在庁官人といった地方支配機構に連なる人が多かったとされる。富農層は、自分のテリトリーを守るため武装、家子（一族）、郎党（従者）を率いる一族を形成。地主で弓馬術を持つ武士の出現である。彼等は律令制下の軍団廃止後に創られた健児制の担い手となり、官位を求めて中央に結びつく。中央では衛府などの武官の家が固定化、受領やその郎党となって地方に下る状況も生じる。

・律令では、天皇の子孫は5世（子、孫、曽孫、玄孫）まで皇親として禄を支給するが、それ以降は皇親扱いしないこととしている。奈良時代の天皇は子息が少なく、そのため女帝即位もあったが、平安時代に入ると、桓武は35人、嵯峨は50人の子女があり、皇親は激増した。このため皇親の臣籍降下が行われ、源氏、平氏が生まれ、藤原氏の繁栄、増殖もあり、王臣家、その子孫が激増。その中で国司になった者が、離任後、任地に土着、勢力を持つようになる。彼等に在地の富農が娘を娶せ（当時は妻訪婚）、男子が生まれると、その子も貴種の血をひく者として貴種の姓を名乗り、地方に多くの源氏、平氏、藤原氏が生まれた。こうした人々が在地で党を形成、武士団の原型が生まれた。

戸籍制度の崩壊、人的課税から耕地課税へ

農民の流亡・浮浪化、戸籍の偽造などにより戸籍は使い物にならなくなる。人別に課する調庸、雑徭の税制は施行困難となり、課税は耕地に着目せざるを得なくなった。10世紀以降、耕地を「名《みょう》」という新しい徴税単位に編成、富農を国衙台帳に登録、国が賦課するものの納入責任を負わせる負名《ふみょう》体制に移行する。名を請け負った者を負名田堵《ふみょうたと》と呼んだ。朝廷は国司に一定額の税徴収を請負わせ、負名が、毎年、国司との間で公田の経営、納税を請負うことを約束する運営が行われ、租庸調の言葉は廃れ、官物（税）と臨時雑役（労役）と呼ばれるようになった。

荘園の発生

天皇家、王臣家とその子孫（諸王、源平氏、藤原氏など）が墾田に注力。平安初期には一定規模の田地の塊が纏められて扱われるようになり、荘（庄）と呼ばれるようになった。天皇家、公家貴族、寺社が墾田を私有、管理のため荘官（下司）を置き、不入不輸の特権を得、自らの富の源泉とした。各地の有力富農は都の権門勢家（皇族、公家、寺社など）に所領（荘園）を寄進、自らは現地経営管理の荘官となり、一定額を権門勢家に納め、その代わりに不入不輸の特権を得て、朝廷に年貢を納めないようになる（寄進地系荘園の

発生)。こうして朝廷の支配の及ばない荘園と国司の支配する公領が併存する荘園公領制が平安時代に成立する。

朝廷は、寄進荘園の免税特権を取り除くため荘園整理を繰り返し行うが、天皇家、公家貴族が荘園を所有しており、効果は上がらなかった。公領においては、朝廷への納税とそれに加えての国司の私腹のための徴税強化で、百姓の逃亡、公領の荒廃が進んだ。

３　武士による争乱の始まり

・９世紀以降、国司、国司と結託した郡司（地元武士）による領民（地元武士を含む）からの搾取、権門勢家（荘園領主）による搾取、年貢輸送を担う郡司からの年貢略奪などが随所に生じ、領民の中央への愁訴、反乱、欠落《かけおち》、逃散が絶えなかった。各地で起きた国司・郡司と領民との争乱の鎮圧には武士が動員され、武力活動を通じ、武士層が実力を伸ばしていく。

・仁明期の承和年間（８３４—８４８年）に群盗が表面化、９世紀後半から10世紀前半までの１世紀にわたり群盗が多発する。

ｉ　９世紀後半　京畿、武蔵で群盗多発。

ii　桓武の蝦夷鎮圧後、蝦夷の一部を陸奥から移住させ、食料を支給したが、811年嵯峨は食料支給を帰順後誕生した子までとし、孫への支給を打ち切った。これを契機に俘囚《ふしゅう》（朝廷に降伏した蝦夷の末裔）の反乱が各地で起こる。

870年　上総、875年　下総で俘囚反乱、878年　秋田城介の俘囚への苛斂誅求に対し大規模反乱（元慶の乱）、883年　上総で俘囚反乱。

iii　884年　石見で国司上毛野氏家包囲、印役、駅鈴を奪う乱。

iv　889—901年　物部氏永《うじなが》の乱　東国強盗首と言われた物部氏永が武装蜂起、馬略奪多発、追捕令発出、追討受けて離散。

v　931—936年　瀬戸内海賊蜂起。

・こうした群盗を鎮圧するため、受領に鎮圧の責任と動員の裁量権が付与され、国衙に押領使が置かれた。群盗鎮圧の武士は恩賞を受け、中央の軍事的官職、更には、受領にも登用されるようになる。

4　承平天慶の乱（平将門の乱、藤原純友の乱）

10世紀中頃、平将門《まさかど》、藤原純友《すみとも》による反乱が東西で起こる。乱は、彼等と同じ武士層の働きで鎮圧されるが、平将門、藤原秀郷《ひでさと》など後世に名を残す武士が登場した。

平将門の乱

① 背景

桓武天皇の曽孫高望王《たかもち》が、889年、平姓を賜って臣籍降下、平高望（高持）となり、9世紀末、従5位下上総介（上総は親王任国）となって下向。群盗鎮圧、武勇発揮、土着して上総、下総、常陸などに平氏勢力を築いた。

高望王には5人の息子があった。国香（常陸大掾）、良兼（下総介）、良正（下野介）は、いずれも源護（嵯峨源氏、国香の前の常陸大掾）の娘と婚姻、嵯峨源氏勢力と結び、兄弟の良将（良持、鎮守府将軍、従4位下、下総佐倉に勢力基盤）、良文（陸奥守、鎮守府将軍、武蔵に勢力基盤）と対立関係にあった。

良持の子が将門（桓武5代の子孫に当たる）、良持の次男とも3男とも言われる。903年　下総国相馬郡御厨《みくりや》で出生、38歳没とされる。下総国豊田郡生まれ、没年30歳頃とする見解もある。母は下総国県犬養氏の出。

将門は元服後上洛、藤原忠平《ただひら》（摂政）の家人として内裏に出仕、滝口の武士となった。将門は蔭位（父の位階のお陰で21歳になると位階が与えられる）の資格があったが、21歳前に父が死去、叔父達との確執のため帰国。このため叙位されず、生涯、無位無官であった。良持の領内には高望王から管理運営を任された朝廷の牧、製鉄所（当時の軍事施設）があり、将門の叔父達は良持の遺領を狙ったとされる（乃至政彦氏）。

②　一族内の争乱

争乱の発端は、良兼と将門の女論（良兼の娘と将門の婚姻に良兼が反対）からの不和乃至良持の遺産を巡る将門と叔父達の争であったとされる。

この間の事情につき、次のような推論がある。良持遺産の田畑につき、国香、良兼が将門弱年につき自分達で管理することを提案、将門は拒否。将門を懐柔するため、良兼は将門を自分の娘婿とした。当時、婿入り婚、通い婚が普通であったが、良兼の娘は将門邸に住むことを選んだ（相思相愛であったとされる）。良兼は不満であったが、合戦を好む人物ではなく、6年間は2人の間に戦は起こらなかった（乃至政彦氏）。

935年（承平5年）2月　源護と平真樹との所領争いに、真樹の要請で将門が介入。常陸国野木（茨木県筑西市）で将門と源護一族が合戦。将門は源護の子の3兄弟を討ち取り、野木、石田（筑西市）、大串（下妻市）、取木（桜川市）を焼き払い、叔父国香（本拠地　筑波郡）殺害。嵯峨源氏は再起不能の損害を蒙る。

源護は良正の処（常陸国水守《みもり》）へ逃げ込む。受領は見て見ぬ振りであった。
10月　川田村（八千代町）で良正と将門が合戦。良正敗北、良正は兄良兼の決起を促す。良兼も将門との合戦を決意。国香の嫡男貞盛は、当時、在京、左馬充の職にあったが、父達が将門の所領を狙う非を認め、将門と和睦しようとするが、叔父達に説得され、将門討伐に加わる。
９３６年10月　下野で良兼・良正・貞盛と将門が合戦。良兼方の方が多勢であったが、将門との白兵戦で敗北。良兼敗走。
源護が朝廷に将門を訴え、将門に出頭命令。将門上洛、弁明、無罪となった。将門が仕えた藤原忠平の影響とされる。
上洛中に、比叡山で将門と純友が反逆の謀議をしたとの伝承もあるが、確証はない。
９３７年８月　良兼が高望王の霊像を掲げて将門と戦い勝利。将門の本拠地豊田に侵攻、焼き払う。将門は脚気を患い、猿島郡葦津江（八千代町）に退却。将門の妻は良兼に捕まるが、密かに脱出。
９月　将門反攻。良兼は敗れ、筑波山に逃げこむ。この戦で良正、源護は討死したとされる。
11月　将門に良兼・源護・貞盛など追捕の太政官符発出。

12月　良兼が将門の石井《いわい》の営所（茨木県坂東市）を夜襲、敗北。

938年（天慶1年）2月　貞盛は上洛を目指すが、将門に追いつかれ千曲川で合戦（上田市付近）。貞盛は逃れて上洛、朝廷に訴え、将門糾問官符が発せられる（翌年3月関東着）。

2月（12月ともされる）　武蔵守藤原維幾《これちか》（妻は高望王の娘）が936年に常陸介に移動、興世王《おきよ》（桓武の皇子伊予親王系）が代理の武蔵権守になった。興世王、武蔵介源経基《つねもと》（清和源氏の祖）が、新任国司着任前の空白を狙って足立郡に入り、実力で年貢徴収、足立郡郡司武蔵竹芝《たけしば》（国造の一族）と争になる。竹芝が納税を怠っていたことによるとの見解もある。竹芝は敗走、竹芝拠点の周辺民家は略奪された。

将門が介入、軍勢を率いて竹芝に味方し、武蔵に入り、興世王と竹芝を和解させた（経基は不在）。竹芝の軍勢が経基の営所（埼玉県鴻巣市）を包囲、経基逃走、上洛。興世王・将門謀反と朝廷に訴え、3月　朝廷は現地調査のため推問使派遣を決める。

3月　貞盛の求めた将門糾問官符が到着。将門は召喚に応じず、5月　諸国之善状（坂東5国の国司が将門の無実を証言）が京都に届く。

夏　貞盛、常陸に下向。ここまでは平氏一族内の勢力争であった。

③　朝廷への反乱

・９３８年５月　武蔵に新しい国司百済王貞連《くだらこにしきさだつら》着任。興世王は排斥され、武蔵を離れ、将門を頼った。６月　良兼病没。
11月　常陸国住人藤原玄明《はるあき》が常陸介藤原維幾の年貢催促に応じず、下総の将門の許へ。維幾は玄明の引渡しを将門に要求、将門は、千余の兵を率いて常陸国庁に向かう。将門は、「玄明が下総国に住み、追捕されないこと」を求めるが、国庁は拒否。合戦となり、将門が常陸国庁軍に勝利。国庁占拠、印璽奪取、建物焼却、財物等略奪。国司軍中にあった貞盛は行方をくらます。常陸介藤原維幾は降伏。京都に将門の行状報告が届く。興世王は将門に坂東を占領し、朝廷の出方を見ることを提言。下野国庁、上野国庁で印璽奪取、受領追放。次いで、武蔵、下総、安房、上総、伊豆と坂東8か国を占領。
12月15、19日　下総国猿島郡石井郷を都とし新皇宣言（上野国庁ともされる）、国司任命（下野守将門、上総介興世王、その他に将門の４人の弟など）。新皇宣言、国司任命は史実でないとの見解もある。
・朝廷は将門の国庁占拠、印璽奪取を朝廷への反乱行為と認定。
９４０年（天慶３年）　将門追討の詔勅が東海、東山道各国に発せられ、追討使に平貞盛、藤原秀郷（藤原北家左大臣魚名の末流。下野国の実力者で群盗の一人。母は下野掾鹿島の娘。平国香の前妻（貞盛の実母）は秀郷の姉妹）など、征東大将軍に参議藤原忠文《ただふみ》（68歳）、副将軍に弟の刑部卿大輔藤原忠舒《ただのぶ》と源経基を任じ、将門を殺した者には5位以上を与えるなどの恩賞を示した。

・1月末　将門は、常陸国で田起こしのため軍勢を一旦解散、残兵は千。将門は、この時期、陸奥、出羽制圧を狙って、1万3千の兵を派遣、そのため残兵が少なかったとする見解もある（乃至政彦氏）。

この機会を狙い、2月、貞盛、秀郷など4千余の兵が下野で将門を襲撃。将門は小勢の千余で苦戦、敗れて下総国へ退却。猿島郡北山の湿地帯（坂東市）で400人で10倍の敵と戦い、2月14日　強風の影響で一旦は敵を圧倒するが、風向きが変わり、後退中に貞盛の放った矢が将門の額に当たり、秀郷が将門の首を取ったとされる。

乱は将門の死により将門敗北で終わった。藤原玄明、興世王、将門の弟将頼《まさより》などは殺され、4月25日　将門の首は京都で梟首。征東大将軍、副将軍が進発する前に乱は終わった。

乱平定の功により、藤原秀郷従4位下、平貞盛従5位下　右馬助、源経基従5位下　太宰少弐の恩賞を得、東国で名声を得た。

・その後、秀郷の子の千晴《ちはる》は中央で活躍したが、安和の変（969年　冷泉天皇の後継を巡る政変）で失脚。地元下野では一族分化。

経基の子の満仲は蔵人、殿上人になり、その子の頼光、頼親、頼信は摂津、大和、河内源氏の祖となった。

貞盛の子の維衡は伊勢国に移り住み、伊勢平氏となっていく。

平良文（886―952年、将門の叔父、国香・良兼とは母が異なる）は将門派であったと思われるが、史料には殆ど登場しない。939年　鎮守府将軍、陸奥守となり、乱後、従5位下に叙され、将門の旧領を得ていることから最後は朝廷方にあったと見られている。その後、上総、下総、常陸介歴任。半世紀後に乱を起こす平忠常は良文の孫。千葉、上総、三浦、土肥、秩父、大庭、梶原、長尾の8氏の祖とされる。

藤原純友の乱

・瀬戸内海では9世紀後半から海賊による官船襲撃が行われるようになり、931年（承平1年）からは伊予国を中心に海賊活動が活発化した。

936年（承平6年）　藤原純友（藤原北家冬嗣の玄孫中納言長良《ながら》の曽孫、932―35年　伊予尉）に海賊追捕の宣旨があり、伊予国警固使に任じられた。純友は、反乱者を罪人として処罰しない代わりに国衙に従うことを約束させ、海賊2500余人を投降させたが、功績を伊予守紀淑人（70歳前後）に奪われ、不満を抱えて伊予に土着。

・939年に西国は深刻な旱魃に見舞われ、これを契機として騒乱が起こる。備前で藤原文元が反乱、備前介藤原子高《さねたか》殺害。播磨で三善文公が播磨介島田推幹《これもと》に反乱。2人は純友に助けを求めた。

940年1月　朝廷は小野好古を純友征討の追捕使、源経基を副追捕使に任命。

一方、純友の936年の乱平定の功を認め従5位下に任じ、追捕使の下向を止めた。しかし、讃岐で藤原三辰が反乱、これに味方して純友が蜂起。純友は、伊予、讃岐で朝廷軍と戦い、伊予、讃岐、阿波制圧（瀬戸内海沿岸で同時多発的に反乱生起。）。

941年5月　純友は九州に渡り、大宰府を占拠するが敗れ、伊予へ逃れ、6月　捕らえられ斬殺された。

・939年春以後、出羽国で俘囚の乱が断続的に生起。8月には尾張国で国守藤原共理が殺害され、940年には駿河国で群賊、凶党が騒擾を起こすなど2つの乱とほぼ同時期に全国各地で騒乱が起きている。

5　平忠常の乱と源頼信

平忠常は平良文の孫、陸奥介平忠頼と将門の娘春姫の子。

良文から3代で上総、下総、安房と房総半島で勢力伸長、私営田経営、富農層を代表する存在となり、在庁官人として上総権介に任じられていた。

1028年6月　忠常は安房国衙襲撃、国守平維忠を焼殺。次いで、上総国衙占拠、上総国人は忠常に加担。反受領闘争として、反乱は上総、下総、安房3国に広まった。関白藤原頼道は反乱と認定。

6月　頼道の家人平直方《なおかた》（貞盛流平氏（貞盛―維将―維時―直方）、良文平流平氏とは対立関係）と中原成道を追討使に任じた。

忠常は上総国府退去、上総・安房国境の丘陵地帯に籠る。

直方と成道は仲違い、乱鎮圧は進まず、1029年12月　成道解任。その後も追討は進展せず、戦果も無く歳月を費やした。

1030年　忠常が安房国衙襲撃、安房守藤原光業《みつなり》を放逐。

追討使側は多量の兵糧米を収奪、上総、下総、安房の疲弊は甚だしく、9月　直方解任。源満仲の子の甲斐守源頼信（清和河内源氏）が追討使に任じられる。

頼信が常陸介在任中（1000年代初）に忠常は頼信に臣従した経緯があり、長期戦で疲弊した忠常は、1031年春、出家して子と従者を従え頼信に降伏。忠常は、頼信に従って上洛の途中、美濃で病死、子は赦免された。乱鎮圧の功により、頼信は美濃守に任じられた。

この乱の平定により坂東平氏の多くが頼信の配下に入り、清和源氏が東国に勢力を広げる契機となった。直方は頼信の長子頼義を娘婿とし、１０３６年　義家誕生。直方は鎌倉の館を義家に譲る。

6　前九年の役（奥州12年戦争）と源頼義

安倍頼良と源頼義

①　奥州安倍氏

安倍氏は俘囚出自の土豪。10世紀後半から台頭、奥6郡（胆沢、和賀、江刺、稗貫、志波、岩手）の事実上の支配者で「六郡の司」と呼ばれた。金、毛皮，馬、鷹などの産物の交易により財力、軍事力を蓄え、賦貢（税、貢物）、徭役（労役）も務めなかったとされる。11世紀中頃、安倍頼良は衣川以南の磐井、栗原郡まで侵し、朝廷への挑戦と受け取られた。
１０５０年　陸奥守藤原登任《なりとう》が頼良の朝廷への貢租未納を咎め、秋田城介《じょうのすけ》平繁成《しげなり》（登成と姻戚関係）の支援を得て数千の兵で頼良を攻めたが、鬼切部《おにきりべ》（宮城県鳴子町）戦で敗れた。

②　源頼義着任

1051年　源頼義（河内源氏、相模守）が陸奥守として着任、国府多賀城に入る。前九年の役はこの時点から数えて奥州12年戦争とも言われる。

1052年　大赦があり、安倍頼良の国司に対する不服従の罪が不問に付されたことから頼良は頼義に臣従を誓い、名も頼義に遠慮して頼時と改めた。

1053年　頼義、鎮守府将軍を兼ねる。

前九年の役

①　頼義と安倍氏の戦

1056年　頼義は胆沢城（奥州市）に赴き、奥6郡巡検。国府多賀城へ帰還途中、配下の藤原光貞、元貞が夜襲にあい、人馬に損傷。夜襲は安倍頼時の子の貞任の所業とされ、頼義は朝廷に訴え、頼時追討宣旨を得る（8月）。事実は、紛争を起こして、その鎮圧の名目で陸奥守重任を狙った頼義の謀略であったとされる（阿久利川事件）。

安倍氏と姻戚関係の藤原経清《つねきよ》（支配地亘理、秀郷流藤原氏）、平永衡《ながひら》（支配地宮城県伊具郡）は頼義陣営に加わった。頼義が衣川関攻撃に掛かろうとする処で、永衡が敵への内通を疑われて処刑され、これを見た経清は身の危険を感じて安倍氏側に寝返る。争乱の中で頼義は陸奥守に重任。

1057年　頼義は調略で北方3郡の安倍富忠を味方とする。安倍頼時は手勢を率いて富忠説得に赴くが、奇襲にあい、流矢で死去。跡を頼時の子の貞任が継ぐ。

11月　黄海《きのみ》合戦（一関市）頼義軍は貞任軍に敗北。以降、1061年まで貞任勢の優勢の状況が続く。

1062年　高階経重《つねしげ》が陸奥守に任じられたが、受け入れられず直ぐに帰洛、頼義重任。頼義は出羽仙北3郡（雄勝、平鹿《ひらが》、山本）の清原光頼、武則兄弟を恩賞攻勢で味方とする（清原氏は天武天皇の皇子舎人親王を祖とし、878年　出羽国蝦夷の反乱を鎮圧した清原令望《よしもち》の子孫とされる）。

7月　清原武則勢1万余、頼義3千が北進。

8月17日　頼義は小松柵攻撃。貞任は頼義本陣攻撃、頼義はこれを退け、貞任は衣川関へ。

9月7日　頼義は貞任を衣川関で破る。前9年の役で一番の激戦とされる。頼義嫡男義家「衣の楯は綻びにけり」、貞任「年を経し糸の乱れの苦しさに」のやり取りがあったと伝えられる。

9月11日　鳥海柵陥落。
9月15日　厨川《くりやがわ》柵戦で安倍氏滅亡。貞任戦死（34歳）。
弟の宗任、家任以下投降。藤原清経は裏切りの罪で斬首。
清経の妻は安倍頼時の娘であったが、清原武貞に再嫁、清経との子の清衡（後の平泉藤原清衡）は、母の連れ子として清原一族となった。

②　戦の結果

１０６３年、頼義は、意に反して陸奥守ではなく正４位下　伊予守（１０７５年没、88歳）となった。嫡男義家は従５位下　出羽守。

清原武則は従５位上鎮守府将軍となり、出羽の旧領と奥６郡を掌握、奥州の覇者となった。清原氏は本拠を胆沢城に移し、鎮守府将軍は嫡孫真衡へと受け継がれる。

安倍宗任、家任は頼義の下に抑留されていたが、奥州に帰ることは許されず、大宰府に移された。

頼義、義家の子孫の頼朝が鎌倉幕府創設、武士政権を創始したことから前九年の役の頼義、義家の戦勝は高い評価を与えられ、喧伝された。頼朝は奥州平泉藤原氏征討後、前九年の役の戦跡を訪れている。

7　摂関政治最盛期と源氏、平氏の起源

摂関政治の最盛期

藤原氏隆盛の頂点とされるのは藤原道長の時代である。道長の時代は、道長が朝廷政治を取り仕切る内覧の任に着いた995年から1027年に62歳で没するまでで、承平天慶の乱と平忠常の乱の間の時期に当たる。娘の璋子《しょうし》（一条后、後一条・後朱雀の母）、妍子《けんし》（三条后）、威子《いし》（後一条后）、嬉子《きし》（後朱雀后、後冷泉の母）を入内させ、「この世をばわが世とぞ思う　望月の　欠けたることの　なしと思えば」の歌を詠み、その身の絶頂を誇ったとされる。

その後、摂関職は道長嫡流に承継されていくが、寺社、武士が力を持ち、朝廷の統治は、公領の減少、荘園増大の中で様々な困難に直面、その解決が難しい時代となっていく。

武家清和源氏の成立

814年　嵯峨天皇が源信《まこと》、融《とおる》以下8人の皇子，皇女に源氏姓を与え、臣籍降下させたのが源氏の始まりで、この系統は嵯峨源氏と呼ばれる。その後、淳和、仁明、文徳、清和、陽成、光孝、宇多、醍醐、村上、花山、三条が皇子、皇女に源氏姓を与え、臣籍降下させ

ている。これらの源氏は始祖の天皇の名を冠して呼ばれる。

その中で、臣籍降下した清和天皇の第６皇子貞純親王の長子経基の子孫が繁栄、武門の家として重きをなしたことから経基が清和源氏の祖とされる。経基の子の満仲（９１２年生）は９６９年に起きた安和の変に際し、関白藤原実頼（藤原北家）に与して左大臣源高《たか》明《あきら》を誣告、失脚させるために働き、その功により越前はじめ諸国の国司を歴任、中央では左馬権頭に任じられた。摂津守となって以来、摂津国多田荘の地に武士団を形成した。

満仲には頼光、頼親、頼信の３人の息子があった。

頼光（大江山の酒呑童子退治で有名）の子孫は摂津源氏、多田源氏、美濃源氏と称され、平安末期に平氏討滅に立ち上がった源三位頼政はこの一族である。頼親の子孫は大和源氏と称される。頼信は藤原道長に長く仕え、河内守を２度務め、その子孫は河内源氏と称される。頼信は平忠常の乱平定で関東に地盤を持つようになる。

頼信の嫡子頼義（９８８年生）は若年より射芸の達人として知られ、相模、武蔵、下野の国司を歴任、坂東の武士団を勢力下に組み入れた。平直方の娘との間に義家をもうけ、鎌倉由比郷に鶴岡八幡宮建立、源氏の氏神とした。前九年の役の立役者で、この系統が源氏主流となる。

頼義の嫡男が八幡太郎義家、次男が加茂二郎義綱、三男が新羅三郎義光（その長子の子孫が常陸源氏（佐竹氏）・近江源氏（山本氏）、次男の子孫が甲斐源氏（武田氏、安田氏）・信濃小笠原氏、三男の子孫が信濃源氏（平賀氏）となる）。義家、義綱の子孫については後述。

武家伊勢平氏の成立

平氏は平安時代前期に臣籍降下した家々で、始祖の天皇の名を冠して、桓武平氏、仁明平氏、文徳平氏、光孝平氏の4流がある。このうち歴史上活躍したのは桓武平氏である。桓武天皇の皇子葛原《かつらはら》親王の孫の高望王が臣籍降下して平高望（高持）となり上総に土着、坂東武士平氏となった。

高望―国香―貞盛―維衡―正度―正衡―正盛―忠盛―清盛と続く。

10世紀から11世紀に活躍した維衡の時代に伊勢を本拠とし、伊勢平氏となる。維衡は1006年に伊勢守となるが、在任は2か月。それ以前に、伊勢に根拠地を持ったとされる。

正度の時代に伊勢平氏武士団を形成、伊勢、伊賀に勢力を持った。

正衡は正度の男子の1人ではあるが嫡流ではなく、伊賀の庶流と見られている。

正盛が中央政界に現れるのは11世紀末で伊勢平氏嫡流を称したが、嫡流ではないと見られている。1092年　伊賀国の幾つかの所領を六条院御堂（夭折した白河の愛娘禎子の菩提を弔うため建立）に寄進、白河院の知己を得て院の北面の武士に取り立てられる。源義親追討（後述）、延暦寺僧兵蜂起の防御、京の盗賊捕縛、１１１９年に鎮西の賊平直澄追討などにより京武者の第一人者となった。また、白河院の要望に応え、造寺、造塔など院への経済的奉仕にも力を入れる。

功により隠岐、若狭、因幡、但馬、丹後、備前、讃岐の受領を歴任、西国に平氏の勢力圏を拡げた。１１１９年　従４位下。１１２０年頃没。

正盛の後、忠盛、清盛が白河、鳥羽、後白河に仕え、清盛の時代に隆盛を極めることとなる。

第2章

院政の時代――後三条・白河・鳥羽上皇と源氏平氏の勃興

1　後三条―院政の始まり

院政誕生まで

・清和の後、藤原氏は歴代の天皇の后妃に藤原氏の娘を入内させ、生まれた皇子を擁立、幼帝即位、藤原氏は天皇の義父（外戚）として、天皇が幼い時は摂政、成人後は関白となり、藤原氏を中心に政治が行われた。紀元1000年前後の藤原道長の時代に、藤原氏の繁栄はその頂点を迎える。摂関が置かれなかったのは醍醐と村上治世くらいで、後に、後醍醐が天皇親政を目指した建武新政で醍醐・村上の治世を範としている。

・清和の後、後三条、白河、鳥羽の院政時代に入る前の凡そ200年の間に即位した天皇は以下の通りである。

陽成（876―84年）、光孝（884―87年）、宇多（887―97年）、醍醐（897―930年）、朱雀（930―46年）、村上（946―67年）、冷泉（967―69年）、円融（969―84年）、花山（984―86年）、一条（986―1011年）、三条（1011―16年）、後一条（1016―36年）、後朱雀（1036―45年）、後冷泉（1045―68年）、後三条（1068―72年）。

・平安時代後期には、荘園の増大、公領と荘園の境界を巡る紛争の多発、寺社の専横、朝廷の財政難などの問題が山積する。従来の政治の枠組み、慣習化した政治では対応困難であり、難問を打開する人材も現れなかった。国家権力の衰退を回復する試みが、天皇を経た上皇による親政、則ち、院政であった。院政は天皇の上に天皇の父である上皇が君臨する統治体制で後三条を嚆矢とする。

後三条天皇（１０３４―７２年）

１０６８年　兄の後冷泉の死去（44歳　父母は後朱雀と嬉子（道長の娘））を受けて、皇太弟（１０４５年　立太子）尊仁親王（後朱雀の第2皇子、母は禎子内親王（三条と妍子（道長の娘）の娘））が即位して後三条天皇となった（35歳）。後冷泉に皇子が生まれなかった事情による。１７０年振りの藤原氏を外戚としない天皇即位である。

後三条は学識に優れ、有能。能力ある中下貴族（大江匡房など）を登用、自らの発想で政治を行った。

①　荘園整理

１０６９年2月、３月　延久荘園整理令（太政官符）発出。

神社、仏寺、院宮王臣家の荘園のうち、１０４５年（後冷泉の即位年）以後の新たに立てられた荘園は停止。荘園領主は、荘園の所在地、領主名、田畠の面積などを朝廷に報告するものとし、証拠となる文書がなかったり、国司の職務の妨げになっている荘園は認めないこととした（従来、荘園の存廃は国司に委任されていた）。

荘園文書の審査機関として、1069年閏10月　記録荘園券契所（記録所）設置（1072年末　記録所は停止されるが、職務は太政官弁官が承継）。

後三条の主たる狙いは藤原摂関家の荘園を整理することにあった。後三条の要請に対し、関白藤原頼道は、「証拠となる文書などは無い。基準に適合しないなら荘園廃止で結構」との趣旨のことを述べつつも、中核的荘園群には瑕疵のない体制を整えたとされる。

後三条の整理令は、荘園の権利確定は文書によることとするものであり、中世の文書主義の出発点と理解されている。また、中世の荘園公領制の基礎を固めたとも評されている。

② 内裏再建

1058年に焼失した内裏再建。財源として一国平均役（荘園、公領ともに均一課税で財源調達）を賦課した。前提として、各国の土地台帳を作成させた可能性が指摘されている。一国平均役は、以降、朝廷の重要な儀式、宗教的行事の賦課方式として定着していく。

③ 公定枡作成

1072年　枡の容量を統一。国家財政安定の基本である度量衡の統一で、延久宣旨枡（6合2勺余）と呼ばれ、鎌倉時代を通じて公定枡として使用された。

譲位、後継天皇選定—院政の始まり

・１０７２年12月８日　後三条は皇子貞仁親王（20歳　母は権中納言藤原公成《きみなり》の娘茂子）に譲位、白河天皇即位。寵妃基子《きし》（源甚平（淳明親王の子）の娘）との間に生まれた実仁《さねひと》親王（１０７１年生）を立太子。後三条にとっては、実仁が本命であるが幼年のため、貞仁を中継の天皇とし、実仁の次は、実仁の同母弟の輔仁《すけひと》即位を考えていたとされる。

後三条の後継決定は、上皇（譲位した天皇）が次の天皇を決めるという皇位継承の在り方を示した。以後、皇位指名権は上皇の権力の源泉となった。

摂関政治は天皇の母方の父藤原氏が天皇権限を代行したが、院政は天皇の父の上皇が天皇選任の人事権を持ち、政治を行う体制である。上皇が複数あっても、天皇の父である上皇にしか政治の実権はなかった。院政においては、摂関は上皇に従属。

後三条は譲位間もない１０７３年５月７日没（40歳）、上皇在位期間は短く、上皇として政治を展開することは叶わなかった。

・後三条の院政開始（１０７２年）から鎌倉幕府成立の１１８０年代迄を院政の時代と呼び、院政開始をもって中世の始まりとするのが通説である。なお、中世の終わりは、１５６８年の足利義昭を擁しての信長の上洛と見るのが一般的である。

・後三条の関白は道長の嫡男頼道（９９２—１０７４年）、後任は弟の教通（９９６—

1075年）であったが、天皇の外戚となっていない。外戚であるかと関係なく、道長の嫡流が摂関家を継承する体制も確立された。

2　白河―院政の確立

白河天皇、上皇

①　白河天皇

1072年　後三条譲位、白河即位、白河の異母弟の実仁親王立太子。

後三条は白河の子孫への皇位継承を望まなかった。白河の中宮が摂関家師実《もろざね》の養女賢子《けんし》であったことによるとされる。

1084年　賢子没（28歳）。白河は賢子を深く愛しており、惜別の思いは一入のものであったという。

1085年　皇太子実仁親王没（15歳　疱瘡）。

1086年　実仁の後の皇太子につき、後三条の遺志は実仁の同母弟の輔仁親王にあったが、白河は寵姫賢子との嫡男の善仁《たるひと》親王を立太子。白河は即日譲位して上皇、善仁即位して堀河天皇（7歳）。摂政には外祖父藤原師実が着いた。

②　堀河天皇

堀河は16歳（１０９４年）になると、賢子の兄の師実の嫡男師通《もろみち》（33歳）を関白とし、政治を主導。政務に真摯に取り組み、「末代の賢王」と評され、笛、和歌など文化面にも優れた才能があった。堀河・師通は自立した政治を志向、白河の権威は抑制された。

１０９９年　師通急死（38歳）。白河が政務に関与、堀河と対立する局面も生じた。

１１０５年　忠実《ただざね》関白就任（師通の嫡男）。

１１０７年　堀河没。白河は堀河の皇子宗仁《むねひと》親王（５歳　母は藤原実季《さねすえ》（白河の母茂子の兄）の娘）を即位させ（鳥羽天皇）、白河院政が始まる。

③　白河上皇

１１１３年　輔仁の護持僧醍醐寺の仁寛《にんかん》による鳥羽呪詛、暗殺計画発覚、輔仁失脚。

１１１７年　藤原公実の娘の璋子（白河の養女）が鳥羽に入内。璋子は乱行の人（男女関係の乱れた人）と噂された。１１１９年　顕仁《あきひと》親王（後の崇徳）出産。

１１２０年　白河が熊野詣で不在中に、鳥羽と関白忠実が謀って忠実の娘の勲子（泰《たい》子《し》）入内を企て、白河激怒。忠実を関白罷免、宇治に蟄居させた（蟄居は10年に及んだ）。

１１２１年　忠実嫡男忠通（25歳）関白就任。

１１２３年　白河は鳥羽を譲位させ、鳥羽の皇子顕仁親王を立太子、即日に即位して崇徳天皇（鳥羽と璋子（待賢門院）の子）。彰子は白河の養女（17歳）から鳥羽（15歳）の中宮となったが、入内後も鳥羽と同衾せず、白河の御所に戻ったとされ、鳥羽との間に生まれた第一皇子顕仁（崇徳）は白河（65歳）と璋子との子との風聞があった（真偽は不明）。

白河院政

・白河上皇は、貴族、僧の人事権（僧綱、座主、別当の補任権）、軍事指揮権を握り、中小実務貴族を活用（大江匡房など）、源氏・平氏の武士を北面に伺候させ、源義家、義綱を院の警護に、平正盛を西海の海賊追捕、興福寺・延暦寺の衆徒の入洛阻止などに使った。彼等は院の近臣層を形成、受領への任官を通じて地方の富を吸い上げ、院に貢ぐことで院との関係を維持発展させた。

白河は、自らの立荘、寺社の紛争調停、法勝寺など六勝寺に代表される御願寺造営、六勝寺を全仏教の頂点と位置づけ、仏教勢力を統制掌握しようとするなど王朝国家の崩壊を防ごうと務めた。寺社の実態は多数を占める下層の僧が寺の集会を支配、上層部の意のままには動かなくなっていた。

・院政では、院の御所で開かれる議定《ぎじょう》が国家の大事を決定する場であった。議定は院が権門の中から選んだ上級貴族と院の近臣で構成、大事が起こると蔵人頭に指示して摂関の意見を聞き、議定を開いて決定した。院の命令は院宣、院庁からの指示は院庁下文《いんのちょうくだしぶみ》という。
・１１２９年７月　白河没（77歳）。白河は長命で、堀河、鳥羽、崇徳の上皇として国政を長期にわたり動かし、院政を確立した人物と言える。先例を重視せず、これまでの君主像とは異なる存在であった。源氏平氏の武力を利用し、また、彼等を受領に任じて多くの財を上納させ、大きな仏像、仏画制作、堂塔建設などに費消した。

３　鳥羽院政

鳥羽院政

①　鳥羽院政開始

１１２９年　白河没、鳥羽（27歳）が実権を握り、以降、１１５６年没迄最高権力者。鳥羽と中宮璋子（待賢門院）との間には、崇徳の後、３人の皇子が生まれたが、二宮、三宮は早逝、四宮が雅仁親王（後の後白河）。
１１３３年　鳥羽院は白河に入内を妨げられた前関白藤原忠実の娘泰子（勲子　高陽《かや》院《いん》）を入内させ皇后とし（39歳）、白河により蟄居させられていた忠実を内覧に任じた。白河院への意趣返しである。

② 鳥羽、崇徳の関係

鳥羽は藤原長実の娘得子（美福門院）を入内させ、寵愛、１１３９年 得子との間に体《なり》仁《ひと》親王誕生。生後、直ちに体仁を皇太弟とし、１１４１年 崇徳を譲位させ、体仁が即位して近衛天皇（３歳）。得子を立后。

鳥羽は体仁を崇徳の猶子とし、崇徳が院政を主宰出来るようにすると崇徳に譲位を説得。しかし、譲位の宣命には体仁は崇徳の皇太弟と記載され、崇徳は鳥羽に欺かれた。崇徳を白河の実子ではないかと疑う鳥羽の白河への反逆であったとも言われる。崇徳と鳥羽の対立は半ば公然化する。近衛は病弱で、崇徳の皇子重仁に皇位が回ってくる可能性もあり、崇徳は、重仁即位、自らの院政を期した。

③ 鳥羽の政治

鳥羽は白河同様、武士を院の北面に伺候させ、御所、京都の守護に当たらせ、特に、平氏を重用。

鳥羽は、荘園整理令は発しなかった。鳥羽は自らの立荘を進め、この動きは後白河にも引き継がれた。

寄進型荘園が広く展開、12世紀は荘園公領制の本格的成立時期と見られている。

関白家の内紛

①　藤原忠実の復権、頼長の勢力伸長

・藤原忠実（道長から5代目）は白河の内覧、関白の地位にあったが、鳥羽に肩入れ、娘泰子の入内を図ったこと、荘園を急速に累増させたことなどで白河の不興を買い、１１２０年　白河により関白罷免、蟄居。１１２１年　息子の忠通が関白就任。忠通は、白河の下で関白、近衛の摂政を務めたが、白河没、鳥羽院政開始で、父忠実が内覧に復帰。父子の確執が始まる。

・忠実には忠通より23歳下の末子頼長（１１２０年生）がいた。頼長は四書五経に通じ、「日本一の大学生」と称され、律令にも詳しく、忠実が偏愛、鳥羽に重用され、１１３２年　権中納言、１１３４年　権大納言、１１３６年　内大臣（17歳）、１１４９年　左大臣となり、兄の忠通に対抗するようになる。

頼長は道長の時代を理想とし、律令の遵守、儒教の徳目を守ることで、官の綱紀粛正を計ろうとした。是非明察、善悪無二を説き、その厳しさに不平不満が生じ、悪左府と言われた。

・忠通は、嫡男夭折後、永らく息子が生まれず、頼長を養子にしていたが、１１４３年実子基実が生まれ、関白の地位を頼長でなく、基実に譲ることを考えるようになる。

② 忠実・頼長と忠通の確執

忠通は、崇徳退位後、美福門院・近衛に接近。近衛の后は、既に、頼長の養女多子《たし》と決まっていたが、近衛の実母美福門院の養女呈子《ていし》を推し、鳥羽は、多子を皇后に、呈子を中宮とした。近衛は実母美福門院の勧めに従い、忠通の邸宅で呈子と過ごす。

忠実は忠通に摂政の職を頼長に譲ることを求めるが、忠通は拒否。忠実は、1150年、藤原氏の氏の長者の地位と資産を頼長に承継させる。

1151年1月　頼長に内覧の宣旨。関白忠通と並立。

7月　頼長と鳥羽側近の寵臣藤原家成とが争い、乱闘。鳥羽の頼長への信が離れる。

③ 崇徳包囲網

忠通、美福門院の策謀により、崇徳、忠実・頼長は苦しい立場に追い込まれていく。病弱の近衛に皇子が出来ず、崇徳の皇子重仁が皇位継承者として浮上。忠通が重仁即位阻止のため、「崇徳は鳥羽の父の白河の実子」の噂を流したとされる。

近衛が、死後、巫女の口に寄せて、「自分は眼病を患った末に崩じたのは、誰かが自分を呪詛して愛宕山の天狗像の目に釘を打ったからだ」と述べたと言うので、鳥羽が使者に検分させた処、釘打ちが確認された。美福門院と忠通は、この所為を忠実・頼長によるものと鳥羽に讒言。鳥羽はこれを信じ、2人を憎むようになったともされる。

後白河即位

・１１５５年　近衛没（17歳）。崇徳の同母（待賢門院）弟の雅仁親王（27歳）が即位し後白河天皇。皇太子は雅仁の子の守仁親王。頼長は内覧停止、失脚。

近衛の後継については、崇徳の皇子の重仁親王も候補であった。美福門院の子女には、近衛と皇女暲子内親王（八条院）があり、鳥羽の後継者についての内意は八条院であったが、女帝即位には反対があり、美福門院と忠通は、崇徳の同母弟の雅仁親王の子で、美福門院の猶子となっていた守仁親王（評判の皇子であった）を近衛後継に推し、鳥羽もそれを望んだ。しかし、守仁は若年（13歳）、「天皇の経歴の無い者の皇子が即位した例はない」との意見（鳥羽近臣信西（雅仁の乳母夫《めのとぶ》）など）もあり、守仁即位迄の中継の天皇として、守仁の父の雅仁（後白河）の即位が決まった。

後白河は、今様狂と言われる程に今様（流行歌）に傾倒、また、好奇心旺盛、行動も奇矯で暗愚の人物、天皇の器ではないというのが、当時の評価であった。

・白河、鳥羽の女性関係は乱脈、また、藤原忠実、頼長は男色でも有名など、当時の皇族、高官の私生活は現代の目から見れば相当乱れていた。

4　源氏、平氏の勃興

平忠盛、清盛

①　忠盛

正盛の跡を継いだ忠盛は、白河の北面の武士となり、白河、鳥羽院に仕えた。1128年　延暦寺僧兵鎮圧、1129年　山陽・南海海賊、1135年　西海海賊追討などの功を挙げ、1132年　正4位下、内昇殿、1149年　正4位、刑部卿となった。伯耆、越前、美作、播磨の受領を歴任。宋との通商で大きな利を得ている。忠盛の時代に、平氏の西国での勢力はほぼ確立。1153年没。武力、経済力、人格いずれも高い評価を受けた人物とされる。

②　清盛

・1118年　忠盛の長男として出生（正盛の晩年、忠盛23歳）。清盛の生母は白河院に近侍した女官で、白河院から忠盛が賜った女性、そうしたことから清盛の白河院の落胤説が生まれたが、史実としては疑問とされる。清盛3歳の時に生母没。

忠盛の正室は修理太夫藤原宗兼の娘（池禅尼）で家盛、頼盛を産んでいる。家盛誕生で、清盛は宗兼の妹の子の藤原家成に養育された（家成の伯父の権中納言藤原長実は鳥羽院の寵姫美福門院得子《とくし》の父）。

１１２９年９月　元服、従５位下、左兵衛佐任官（12歳）。少年期の清盛は頭の鋭い、容姿の美しい貴公子であったと言う。

１１３１年　従５位上、正５位、１１３５年８月　西海海賊討伐の功により従４位下（18歳）、１１３６年　中務大輔、１１３７年　肥後守（20歳）、嫡男重盛誕生、２年後基盛誕生（２人の母は右近将監高階基章《たかしなもとあきら》の娘）、１１４６年　正４位下、安芸守、１１４７年　第３子宗盛誕生（母は平時忠の姉の時子）、１１５３年　父忠盛没、清盛家督承継。池禅尼の長子家盛（頼朝が生き写しと言われる）が忠盛の後継者として期待されたが、１１４９年没。これにより清盛の後継者としての立場が確定したとされる。

清盛も宋との交易に力を入れ、大輪田泊（神戸港）を整備、大宰府で応接していた中国船を大輪田に入港させ、大きな利を得た。主要な輸出品は金、輸入品は銭であった。

・平氏は正盛の時代から京都六波羅を根拠地とし、忠盛の時代に整備、清盛の時代には方１町から方４町に拡大。西八条にも忠盛の時代から屋敷を持ち、清盛の時代には六波羅と並ぶ平氏の武家地であった。

源義家と源氏の盛衰―後三年の役

① 義家と後三年の役

・前9年の役で清原武則が奥羽の支配者となり、真衡（武則―武貞―真衡）が継承したが、真衡に男子が生まれず、養子に成衡（常陸平氏の出を）を迎えた。成衡は頼義の娘を妻に迎えたが、その婚礼の席で、成衡に一族の長老吉彦秀武の面目を潰す振舞があり、真衡と秀武が不和。真衡が秀武を攻撃、秀武は清原清衡、家衡に援軍を要請。清原一族の真衡と清衡・家衡（清衡の母と武貞の子）とが戦闘。清原の血を引かない夫婦養子の嫡流承継に庶流の不満が爆発したのではないかとされる。

1083年秋、源義家が陸奥守として着任。義家は真衡に与するが、真衡病没。義家と清衡、家衡が談合、奥6郡を清衡、家衡で2分することとなった。

1086年夏、義家は、清衡と家衡の紛争を引き起こし、その鎮圧のためとの理由で国司任期延長を謀り、義家は清衡と与した。

家衡は清衡館を急襲、清衡の妻子眷属殺害。叔父武衡（武貞の弟）は家衡に加担、金沢柵に籠る。義家の末弟義光が陸奥に下向、義家軍に加わる。

朝廷は義家に停戦命令を出すが、義家は従わなかった。

1087年9月　清衡方が金沢柵攻撃。兵糧の尽きるのを待つ持久戦となり、11月14日金沢柵陥落。家衡、武衡斬首。
・義家は家衡追討の官符を申請するが、白河は私戦と見て官符発出を許さなかった。このため、義家に恩賞はなく、公費による戦費支払もなく、官物を戦費に使ったことで貢納未進（滞納）となり陸奥守を解任され（後任は藤原基家《もといえ》）、現地の族長権力は清衡の下に吸収された。義家は大きな債務を抱え、処理に、10年かかるが、私費で部下に恩賞を与えたことで人望が高まったとされる。
・1091年　河内の所領を巡り、義家と同母弟の義綱が対立。双方とも京に兵を集め、一触即発の事態も生じた。
1094年　義綱は、出羽で起きた平師妙（茂呂多恵）の乱（師妙が国司館を襲い財物を奪った事変）に白河院から陸奥守として追討を命じられ、恩賞として美濃守に任じられる。白河院は義家と義綱の離間を図り、源家の弱体化を図ったとも見られている。
・1098年　義家は公事完済、正4位下、院昇殿。1106年　京都で義家没（68歳）。

②　義家の息子達―源家の衰退

・義家の長男義宗　早逝。
・次男義親　対馬守として九州に在った1101年　九州各地で人民殺害、公物押取り。大宰府の命に背いたとして太宰大弐大江匡房に告発され、解官。1102年　乱行の咎で隠岐に配流。1107年 出雲に渡り、国の目代と郎従7人殺害、公事物を奪った。近隣山陰諸国に義親に同調する動きが起こる。白河院が召喚命令、義親は応じず、院は因幡守平正盛に義親追討を命じた。翌年1月 正盛は義親追討、但馬守に昇任。追討は英雄武者登場として歓迎され、平氏栄達の途を開いたとされる。

・三男義国 下野で足利、新田氏の祖となる。

秀郷流藤原氏と結び、1103年以来5年以上にわたり、叔父源義光・平重幹《しげもと》(常陸平氏)と下野で領土争い。1106年 義家没で義国は八幡荘、足利荘の権益を義家から承継、隣接する多胡荘、佐野荘を継承した為義と対立。1109年 義家後継となった4男義忠が暗殺され、義国上洛、鳥羽院の北面の武士となる。北関東は義国の子の義重(新田氏の祖)が担う。1150年頃 義国は京都で揉め事を起こし足利に帰る(1155年没)。代わって義重上洛、1153年 内舎人となる(40歳)。義重の異母弟義康(足利氏の祖)は早くから上洛、鳥羽院の北面の武士となっており、義康が義国の後継者と見られていたとされる。

・四男義忠 義親失脚後家督承継。1109年 暗殺され、義親の子で義家の養子となっていた為義が家督継承(14歳)。

為義の従兄弟義明(義家の弟義綱の三男)が義忠殺害容疑で討たれる。父の義綱は近江に出奔するが、為義が義綱追補。義綱は配流先の佐渡で殺された。為義は、義綱追捕の功で検非違使、左衛門少尉に任じられたが、１１５４年　為義の子の鎮西八郎為朝が九州で乱行したことで退官。生涯、受領には任じられなかった。

為義は、関白解任から内覧に復帰した藤原忠実に近づき、忠実、その次男の頼長に従って、１１５６年　保元の乱で崇徳に味方、嫡男の義朝に敗れ、斬られた（後述）。

③　為義の息子達

ｉ　義朝

為義の嫡男が義朝。義朝の弟義賢《よしかた》が東宮帯刀先生《たてわきせんじょう》となり在京、義朝は東国へ下向。当初は上総介氏の許に居たが、相模国三浦氏の鎌倉に移る。三浦義明の娘との間に長男義平（１１４１年生）、波多野遠茂の娘との間に次男朝長をもうける。

義朝は荘園寄進を通じて美福門院（鳥羽の寵妃）、鳥羽院に接近、１１４６年　長子義平（悪源太）を鎌倉に残して上洛。１１５３年　従５位下、下野守任官。上西門院《じょうさいもんいん》（鳥羽の皇女、後白河の姉）に近づき、院に仕えていた藤原季範（尾張熱田神宮大宮司）の娘の由良御前と懇ろになり頼朝誕生。頼朝は母の格で嫡男とされた。次いで、希義《まれよし》、娘が生まれ、娘は長じて一条（藤原）能保の室となる。遠江池田の遊女との間に蒲冠者範頼をもうけ、範頼は藤原範季に養育された。九条院の雑色女《ぞうしきめ》常盤（常葉）との間に全成《ぜんじょう》、義円、義経（いずれも成人後の名称）をもうけている。

義朝は、後白河を通じて後白河の乳母の甥、武蔵守藤原信頼と繋がる。

ii　為義の他の息子達

為義の息子は、義朝の他に義賢（在武蔵、上野）、義広（在常陸）、為朝（在九州）。

義賢は、１１５３年　上野国へ下向、武蔵国に進出、義朝勢力と衝突。１１５５年8月大蔵館で義朝の長子義平に攻め滅ぼされた。

義賢の子の駒王丸（7歳　母は小枝《さえ》御前、長じて義仲）は、長井荘（熊谷市）の斎藤実盛に助けられて木曽へ逃れた。乳母の夫の中原兼遠に匿われ、中原兼平、巴などと木曽で育つ。13歳で元服、源義仲を名乗り、兼遠の娘を妻とし、20歳で嫡男義高誕生。

第3章

後白河院政と平清盛政権

1　保元の乱と信西政権―武者の世の到来

保元の乱（保元1年　1156年）

・1155年7月24日　後白河即位。1156年7月2日　鳥羽院没（54歳）。
　鳥羽に疎まれ、鳥羽危篤時の見舞、遺体との対面も許されず、皇子重仁親王の皇位継承の夢を絶たれた崇徳と政権から疎外された頼長が結びつく。頼長は、父忠実が培った源為義、平忠正、興福寺の悪僧信実《しんじつ》などの武力を受け継いだ。

　崇徳の皇子重仁親王の乳母の池禅尼（清盛の継母）、禅尼の実子の頼盛は、重仁を保護。しかし、清盛は内裏側につき、禅尼は頼盛に清盛と同一行動を取るように命じたとされる。
・7月9日　崇徳が白河殿に入る。7月10日　頼長が宇治から上洛、白河殿に入る。源為義・頼賢《よりかた》父子、源為朝、大和源氏源親治、摂津源氏源頼憲、平清盛の叔父忠正、伊勢平氏傍流平家弘・頼弘父子などの武士が崇徳・頼長側に集まった。
　内裏側は、美福門院、信西が中心となり、高松殿に集結。源義朝、平清盛、源頼政、平信兼など有力武士の多くは内裏側に集まった（1700余騎）。
・義朝の進言で夜襲、7月11日未明、戦は始まった。義朝、清盛など600余騎が崇徳方の籠る白河殿を攻撃。崇徳側は為朝などが奮戦したが、午前8時頃には白河殿に火がかけられ、数時間で勝敗は決まった。崇徳側は敗走。頼長は流矢で頭部に傷を負い、興福寺に居た忠実に助けを求めたが拒否され死去（37歳）。

崇徳は讃岐に配流。為義、忠正は斬首。為朝は伊豆大島に流刑。忠実は幽閉され、6年後に没（85歳）。忠通は氏長者に復帰したが、摂関家の地位は低下した。

恩賞として、清盛は播磨守、義朝は右馬権頭叙任、下野守重任。
・保元の乱は、国家権力掌握の争が武士の合戦で決せられた初例で、当時、「武者の世到来」と言われた（慈円）。

信西政権

・乱後、信西（俗名　藤原通憲《みちのり》）、藤原信頼、藤原惟方《これかた》など鳥羽院近臣が政治の中心となる。
信西は、抜群の学才で鳥羽の信任を得た鳥羽院近臣。信頼は、道長の兄の道隆流の出身。大国受領を歴任した鳥羽院近臣で、武蔵国知行の誼もあって義朝を動かせる力を持ち、武家の棟梁的性格を備えていた。信頼の父忠隆の妻栄子は崇徳の乳母、忠隆の妹は後白河の乳母。信頼と後白河は男色関係にあったとされる。惟方は、鳥羽院の実務官僚。母は二条の乳母。

中でも信西が政権の中心となり、天皇権威の再生を追求。記録所活用して天皇家の直轄領の充実。権門勢家の荘園整理、大内裏の造営、朝廷儀礼の再興、京中整備を目指した。信西は後白河を「類を見ない程の暗主。長所は、周囲が反対しても必ず成し遂げること、一度聞いたことは忘れないこと」と評したとされる。

・1158年　美福門院の求めで後白河譲位。後白河の皇子で皇太子の守仁親王（16歳）が即位して二条天皇（八条院を準母とする）。鳥羽院が描いた未来図が実現した。二条は賢帝の評判で、天皇親政の共鳴者も多かった。後白河は皇位決定に関与出来ず、鳥羽の遺産も継承出来ず（鳥羽妃の美福門院と皇女八条院（美福門院の娘）が継承）、経済的基盤を欠いたが、院政への意欲を示した。

・信西一門の隆盛は目覚ましく、信頼、惟方などの反発を呼ぶ。

信頼は従4位武蔵守であったが、1157年　蔵人頭、1158年　正3位権中納言、後白河の御厩別当《みうまやべっとう》（院の親衛隊長）となる。義朝を取り込み信西に対抗。一方、子息を清盛の婿、奥州藤原秀衡の婿、関白藤原基実《もとざね》を妹婿とし、勢力基盤拡大に努めている。

信西は清盛に接近、信頼・義朝と対立。藤原経宗《つねむね》（二条の外祖父）、惟方、藤原成親が反信西で信頼と結びついた。

２　平治の乱と二条政権

平治の乱（平治１年　１１５９年）

・平治の乱は、藤原信頼、経宗、惟方、成親、源義朝、頼政などの反信西連合による信西打倒で始まった。

清盛（42歳）が熊野参詣に出掛けた留守の１１５９年12月９日深夜　信頼、義朝が挙兵。後白河、二条の身柄を確保。信西宅襲撃、信西は脱出するが山城田原で自殺を図った処を検非違使源光保に発見され、斬首された（54歳　12月17日　獄門。子達は配流）。

信頼・義朝のクーデターは成功。恩賞で義朝は播磨守、頼朝は右兵衛権佐に。

・清盛は熊野詣で兵力を欠いたが、紀伊国有田郡で在地武士湯浅宗重が30余騎で駆け付け、熊野別当湛快が武具を提供。伊勢平氏郎党が兵を率いて阿倍野で合流、千余騎となって、12月17日　帰京。静観の姿勢を取る。信頼の息子信親の妻は清盛の娘であり、信頼は信西死後は清盛が自分に協力してくれると思っていたが、25日　清盛は信親を信頼の許へ送り返す。信頼は思惑が外れ動揺。

打倒信西で信頼と野合していた二条親政派の藤原経宗、惟方が清盛と連携、25日　二条を六波羅清盛邸に移す。三種の神器も持ち出した。後白河の許へは惟方が訪れ、後白河は仁和寺へ脱出、清盛邸に入る。26日　二条、後白河の錦の旗を失った信頼、義朝は賊軍に転落、同盟者は続々離反。藤原忠通、息子の基実も清盛側に合流。

・清盛は、信頼・義朝追討の宣旨を得て、27日　平重盛、教盛など平氏一門を中心に3千余騎で敵が籠る大内裏を攻撃、六条河原でも激戦。源頼政は中立の立場を取り、動かず。戦は、信頼、義朝側の敗北で終わった。

信頼は後白河を頼って降伏するが斬首。

義朝は東国の兵を呼び寄せることなく決起し兵力不足、信西排除の大義名分も明らかでなく、多くの公卿たちの決起への賛同は得られなかった。義朝は坂東へ逃れる途中、1160年1月　尾張で庄司忠致《ただむね》に殺害された（38歳）。次男朝長は美濃青墓で落命、長男義平は甲斐・信濃の兵を組織しようとするがうまくいかず、京に潜伏、清盛暗殺を企てるが捕縛され斬首、頼朝は捕縛され伊豆に配流。

乱後、恩賞で平氏の知行国は5から7に増加（重盛は伊予守、頼盛は尾張守、教盛は越中守、経盛は伊賀守など）。清盛の政治的地位は不動のものとなった。

二条政権

・二条は学問に秀で、和歌、漢詩にも造詣があり、周囲の評価は高かった。朝廷関係者は、二条を鳥羽直系の天皇と認識、天皇親政に理解を示した。

後白河は、天皇親政派の中心人物の藤原惟方、経宗を憎み、1160年2月　清盛に2人の捕縛を命じ、経宗を阿波国、惟方を長門国へ流罪とした。

1160年　美福門院没。

清盛は、1160年6月　正3位、8月　参議、9月　右衛門督、翌年1月　検非違使別当、9月　権中納言に任じられ公卿となった。
・1161年　後白河に憲仁親王《のりひと》（母は清盛の妻時子の妹慈子）誕生。平時忠、藤原信隆、成親などが憲仁立太子に動き、二条の逆鱗に触れ、解官される。
9月　二条は後白河の国政介入を拒否、院政停止、天皇親政。前関白忠通復活、経宗を召喚、権大納言、1164年には右大臣とする。
二条は清盛を優遇、清盛は政治的基盤を固めた。清盛の妻時子は二条の乳母、妻の妹慈子（建春門院）は後白河の寵姫であり、清盛は二条と後白河を繋ぐ役割を果たせる立場にあった。
・1165年7月　二条没（23歳）。6月　二条は皇子順仁《じゅんにん》親王（母は伊岐到遠《いきのむねとお》の娘）を立太子。即位して六条天皇（2歳）。後白河は憲仁を推したが実現しなかった。

3　後白河院政と平清盛

後白河、清盛親密の時代

・二条没により後白河院政が始まり、後白河と清盛の政治が展開する。宮廷行事、儀式は後白河と摂関が執り行い、清盛は関与しなかったが、国家の大事は清盛の同意が必要であった。とりわけ、武士の動員は清盛の同意が無ければ動かなかった。後白河院政は、清盛の存在が大きく、白河、鳥羽のような専制的院政を行うことは出来なかった。

・1166年7月　六条天皇摂政藤原基実（忠通4男）没（24歳）、弟基房が摂政承継。清盛は、基実未亡人盛子（清盛の娘）に基実の氏の長者領など家領、邸宅の大部分を相続させた（清盛の専横）。

1166年6月　清盛　正2位、10月　後白河皇子憲仁親王立太子（6歳）。11月　清盛　従1位内大臣補任。

1167年2月　清盛　太政大臣、重盛（30歳）従2位、大納言、宗盛（21歳）従3位、参議、右近衛中将補任。報告のため厳島神社参詣。6月　清盛　太政大臣辞任。重盛に家督を譲る。

1168年2月　六条譲位（5歳）。憲仁親王が即位して高倉天皇（8歳）。

清盛が重病となり出家。清盛が没すれば、六条天皇派の動きが出ると見た後白河が、清盛存命中に、自分の皇子の即位を実現しておきたいとしたことによるとされる１１６９年後白河出家して法皇。

後白河、清盛対立へ

①　比叡山を巡る後白河と清盛の衝突

・１１６９年　藤原成親（後白河近臣）の目代正友が延暦寺領美濃国比良野荘の神人と争い、神人の１人を殺害。延暦寺は後白河に訴えたが、後白河は神人側を捕らえた。衆徒は天台座主を通じて後白河に抗議したが容れられなかったため強訴、内裏に乱入。後白河は重盛に出動を命じたが、重盛は動かなかった。

後白河は成親を備前に配流、正友を禁獄としたが、直ぐに取り消し、逆に、天台座主明雲を譴責、取調べにあたった平時忠、信範を誤った報告をしたとして備後へ流罪とした。延暦寺衆徒が再び動き、清盛も福原から上洛。後白河は、また、処分を撤回、成親解官、時忠、信範流罪を解除した。

天台座主明雲は清盛出家の導師で、清盛と関係が深く、後白河は、明雲を叩くことで清盛に圧力をかけようとしたと見られている。後白河と清盛の対立が顕在化してきた。

・1171年　清盛の娘徳子が入内、高倉の女御、翌年　中宮となる（16歳）。
1174年　後白河、慈子（建春門院）、清盛が厳島参詣。
1176年7月　建春門院没（35歳）。後白河の寵愛は並々ならぬものがあった。以降、後白河と清盛の関係は冷却化していく。
六条上皇没（13歳　二条の皇統断絶）。
・1177年　延暦寺の末寺の白山湧泉寺の僧と加賀守藤原師高と弟で目代の師経が争い、師高側が湧泉寺の堂舎を焼き払った。白山、延暦寺は師高、師経の処分を後白河に迫り、後白河は師経を流罪としたが、これを不満とする延暦寺衆徒が、4月　日吉、白山の神輿を奉じて入京、師高の流罪を迫った。重盛軍が出動、軍の矢が神輿に当ったことを咎められ、後白河はやむなく師高を尾張流罪とした。
師高、師経の父の西光が師高流罪に怒り、強訴の張本人は天台座主明雲だとして後白河に訴え、5月　後白河は明雲を追放、還俗、所領39か所没収、謀反の罪で伊豆配流とした。しかし、衆徒が近江粟津で明雲を奪回、比叡山に連れ戻す。

後白河は比叡山の武力攻撃を平経盛に命じるが、経盛は出兵を拒否。後白河は清盛に比叡山攻撃を命じ、5月28日　清盛承諾。しかし、直ぐには動かなかった。後白河は、戦わせて双方の力の損耗を狙ったとされる。

②　鹿ケ谷の陰謀

・西光・藤原師高・師経父子、藤原成親（いずれも後白河近臣）、僧俊寛などが、俊寛の所領の鹿ケ谷に集まり、後白河も屡々臨幸、源行綱（多田源氏）も引き入れ、平氏打倒を談合した（鹿ケ谷の陰謀）。

6月の祇園会に六波羅の平氏一門の屋敷を襲撃、一挙に平氏一門を討滅しようとの企てであった。延暦寺騒動で計画が停滞していた処、源行綱の密告で謀略発覚、捕縛された西光の白状で後白河と近臣による謀議であることが明らかになった。比叡山攻撃は中止。関係者は捕縛され、西光斬罪、師高・師経、成親配流、その地で殺された。僧俊寛、成親の子の成経（平教盛の娘婿）、平康親は九州南端喜界島へ配流。後白河には追求の手は及ばなかった。

延暦寺を敵にしたくない清盛が、延暦寺攻撃回避と平氏に反抗する院の近臣一掃を狙った謀略で、鹿ケ谷の陰謀は事実無根との見解（院近臣が宴席で平氏の悪口を言っただけ）もある。

・1178年　高倉と徳子の間に言人親王《ときひと》誕生。生後1か月で立太子。

秋　延暦寺の学侶方《がくりょ》（学生　清盛方）と堂衆（下級の僧）の対立が激化、合戦。学侶方が敗れ、延暦寺は平氏と対立するようになる。

12月　清盛の奏請により源頼政、従3位に。

4　清盛政権、源氏の蜂起、清盛の死

清盛政権

①　重盛没を契機に後白河反撃、治承3年のクーデター

・1179年（治承3年）6月　藤原基実未亡人盛子（清盛の娘）没。その所領全てを後白河が取り上げ、院領とする。清盛怒る。

7月末　清盛嫡子重盛病没（42歳）。清盛は落ち込み、福原に籠る。

この機会に乗じて、後白河は関白藤原基房と謀って、重盛の知行国越前を没収、院近臣の藤原光能に与え、基房の子の師家を中納言に任じるなどを独断で行う。

・清盛は激怒、11月　実力行使に出る（治承3年のクーデター）。

清盛は数千騎を率いて上洛。後白河を鳥羽殿に幽閉、院政停止。院の資産も清盛の管理下に置く。後白河は自分の身に累が及ぶとは考えていなかった。

藤原基房関白罷免、配流。子の中納言師家解官。太政大臣藤原師長（頼長次男）、権大納言源資賢《すけかた》など公卿官人39人解官、追放。後白河院政支持勢力を徹底的に弾圧。明雲を天

台座主に戻す。10数か国の公卿知行国を奪い、平氏一門に与えた。この結果、平氏知行国は全国66国のほぼ半数の30数か国に及んだ。平宗盛所掌の軍事警察は、禿童《かむろ》と呼ばれる密偵300人程を都に放ち、反対者を捕縛。

②　清盛政権とその反応

1179年（治承3年）11月以降、清盛独裁政権と呼ぶべき状況となった。

1180年2月　高倉譲位、言仁親王が即位して安徳天皇（3歳）。高倉院政開始。

皇位決定権を有するのは後白河上皇で、後白河幽閉中の高倉譲位、安徳即位は正統性に疑問があるとするのが、当時の公卿達の認識で、軍事圧力による大量の公卿解任への反発もあって、公卿達には、この皇位継承を正統なものとして認める雰囲気は無かった。

3月　譲位後の高倉院の初参詣が、慣例（石清水八幡、加茂神社、春日社、日吉社のいずれか）を破って厳島神社と決まり、これに不満を持つ延暦寺、興福寺、園城寺（日常は犬猿の仲）が、反平氏戦線を組む構えを示す。

以仁王と源氏蜂起、福原遷都

①　以仁王蜂起

・1180年4月9日　以仁王《もちひと》（後白河の第三皇子、高倉の10歳上の異母兄、八条院の猶子、才能に恵まれた人物とされる。30歳）名による平氏追討の令旨が諸国の源氏に発せられる。源為義の末子で八条院蔵人源十郎行家が諸国に伝えた。

八条院は、鳥羽と美福門院の娘、二条を支えてきた鳥羽院嫡系の中心人物。八条院の周囲には、二条親政派の人々、平氏一門に睨まれた人々が集まっていた。八条院は、広大な荘園を鳥羽、美福門院から継承、経済的基盤があった。以仁王の娘は八条院の養女となり、八条院領を継ぐ者とされていた。

以仁王は皇位への野心があったが、1180年2月の高倉譲位、安徳即位で皇位継承の望みを絶たれたことが挙兵に繋がったともされる。

八条院に仕えていた源三位頼政、八条院蔵人源行家、源仲家（義仲の兄）などが以仁王を擁して動く。高倉の厳島参詣問題から園城寺、興福寺が以仁王に与し、比叡山にも反平氏の動きが出る。

・5月15日　以仁王挙兵計画が漏れ、王は園城寺に逃れた。

5月22日　源頼政（76歳）が在京の50騎程の軍勢を率いて園城寺へ行き、王と合流。園城寺寺僧が裏切り、5月26日　王と頼政は園城寺を出て、興福寺へ向かうが、平氏の追撃を受け、頼政は木津川の河原で、以仁王は興福寺目前で落命。合戦は小規模なものに終わった。頼政の実子仲綱、養子で義仲の兄の仲家なども敗死。

清盛は園城寺荘園没収、座主円恵法親王罷免、僧綱解任。以仁王に加担した興福寺僧綱解任、荘園没収。

・清盛は、大庭景親に、頼政国司の伊豆国に残る頼政の嫡孫有綱が事を企てたならば追捕することを命じ、相模国に帰国させ、坂東の平氏家人に軍勢催促を行う権限を与えた。清盛が、当時、気にしたのは、伊豆の源有綱、在庁官人の工藤茂光、下総の千葉常胤、下河辺行平（頼政家人）、信濃の源義仲などで頼朝は視野の内に無かったとされる。

② 福原遷都

6月　清盛は、こうした動きを源平内乱の始まりとは認識せず、摂津福原への遷都を行う。高倉、安徳は福原に移った。

清盛は、かねてから古い権威の充満した京都を捨てることを考えていたとされる。福原には清盛の別宅があり、日宋交易の拠点の大輪田泊と前後する形で開発が進められていた。福原は鎌倉に似て難攻不落の地形で、清盛軍事政権にとって格好の場所であった。高倉は遷都に反対であったが、清盛に封殺された。清盛は高倉―安徳という平氏をバックとした新王朝開設の地として福原遷都を実行。

延暦寺が還都運動展開。清盛は以仁王に加担した興福寺襲撃を企図するが、高倉院が拒否。

③　各地で源氏蜂起

・8月17日　源頼朝が伊豆で挙兵、伊豆国府占拠。

9月4日　福原に知らせが届く。

9月5日　頼朝追討の官宣旨。東海、東山の者は手勢を集め、追討使への合流を命じる。追討使は、平維盛《これもり》、忠度《ただのり》、知度《とものり》で、9月22日　福原出立を決定。しかし、9月6日に石橋山合戦（8月23日）での平氏側勝利の知らせが届き、平氏側の緊張感は緩んだ。

・8月25日　甲斐源氏挙兵、愛鷹山《あしたかやま》の麓で、東進してきた大庭景親の弟の俣野《またの》景久《かげひさ》軍を破る。

・木曽義仲挙兵、木曾谷から信濃へ北上。9月7日　犀川河原で平家家人笠原頼直を破り（市原合戦）、上野多胡郡に侵攻。戻って、信濃御嶽堂の依田城（上田市）を頼朝への抑えとし、善光寺平（長野市）を拠点とする。義仲の父義賢は頼朝の兄義平に討たれており、義仲には頼朝への不信感があった。

④　富士川の戦、還都、平氏反撃

10月20日　富士川の戦で追討使平維盛、忠度、知度軍が頼朝に惨敗。敗戦は平氏側に動揺を与えた。

宗盛が清盛に還都を要求し激論。11月24日　清盛は京都還都決定。26日　京都還都。

11月　近江、美濃源氏挙兵。延暦寺、園城寺も反乱側に。
12月2日　近江、伊賀、伊勢に追討使、京都進発。大手総大将平知盛《とももり》、伊賀に向かう搦手総大将平資盛《すけもり》。
12月23日　平維盛が追討副将軍を命じられ、増援軍を率いて出陣。
12月28日　平重衡を南都に派遣。園城寺、興福寺、東大寺を焼き払う。これにより、清盛は仏敵とされた。
1181年1月9日　美濃に侵攻、1月20日　蒲倉《かまくら》城（岐阜県大垣市）攻略。
1月19日　清盛は、畿内及び周辺9国を総括する惣官に宗盛任命。兵士、兵糧徴収など軍政を布いて追討継続体制を整えた。

清盛の死

・1181年1月　高倉院没（21歳）。2月　後白河院政復活
・閏2月　急な病（高熱と頭痛）で清盛没（64歳）。
突然の平氏総帥の死去で平氏の凋落が始まる。清盛は没するにあたり、「吾れ死する後、仏に供する以て成すなかれ、経を誦するを以てなすなかれ。ただ、頼朝の頭を斬って吾が墓前に懸よ」と遺言。後白河には、「自分の死後は万事宗盛に仰せ付けられ、ご相談のう

え取り計らい下さるように」と伝えたとされる。

宗盛は政権を後白河に返上、後白河院政は名実共に復活した。軍事面では、宗盛も後白河の命令に従わなかった。
・3月10日　墨俣川戦で平重衡軍が源行家、義円（義朝8男）軍に圧勝。義円は平氏に斬られた。
平氏は尾張に攻め込み、西三河までを勢力圏とし、富士川戦以降、遠江を占拠する甲斐源氏安田義定と堺を接することになった。
7月　頼朝は後白河に、自分の挙兵は平氏討伐、後白河救援を目指したものである。東国は源氏、西国は平氏が支配、朝廷が国司を補任するよう申し入れる。後白河からこれを示された宗盛は一蹴、後白河の宗盛不信は一層強まったとされる。
8月16日　北陸道追討使平通盛、京都進発。越前国府に入り、加賀国境に平清家軍派遣、
9月6日　義仲軍に敗れ、通盛は越前国府から敦賀へ退却、9月12日　敦賀城陥落。
9月27日　平行盛を総大将とする北陸道追討使が京都進発するが、11月21日　通盛、行盛帰洛。若狭国では平経正が国府に留まり、若狭を掌握。1183年まで敦賀が義仲の最前線となった。
・平氏は当面の危機を乗り切り、坂東の頼朝、北陸・信濃の義仲、甲斐・駿河・遠江の甲

斐源氏、それ以外の地は平氏が抑える割拠体制となった。

1181年（治承5年7月14日　養和と改元）、82年は近畿、西国は凶作、飢饉（養和の飢饉）、83年（寿永1年）は東日本が冷害、飢饉で、院宣により全ての追討は停止された。

5　清盛の評価

・清盛の急死で平氏は最高の統率者を失い、没落の途を歩き始め、源氏勢力の復活、源頼朝の武士政権樹立に繋がる。

清盛は、政治家として、軍人として、この時代に最高の人材であった。清盛は包容力があり、頼朝の非情さに比べ、人間味を感じる。

清盛が急逝することなく、政権の中枢にあったとすれば、木曾義仲、源頼朝の京都侵攻はそう簡単ではなかったであろうし、西国に勢力を持つ平氏と源氏の戦の結末も違ったものになっていたかも知れない。

・清盛は、朝廷組織の中にあって、武力を背景に、朝廷の仕組みを利用して権力を握った。一門の多くを公卿とし、知行国を集積、富も集積、一門独裁を固めたが、後白河を始めとする旧勢力との確執にあっている。また、平氏全盛時代に平氏に靡く武士も多数あったが、在地の武士層を新たに組織することはなかった。

一方、頼朝は坂東の武士に担がれたことで権力への途が開け、彼等の要望を汲み上げつつ、自らの権力基盤を確立、武士支配の新たな体制の構築を図った。武士政権の新時代を開いたのは頼朝であった。

第4章

源頼朝——平氏討滅、鎌倉幕府創設

1 源頼朝（1147―1199年）の前半生

伊豆配流まで

① 頼朝

・頼朝は1147年に京都で生まれた。母の出自が良いことで早くから源氏の家督相続者とされ、平治の乱（1159年）が起こる13歳迄京都で暮らした。頼朝の母の実家の熱田大宮司家には、後白河北面武士、待賢門院（鳥羽の中宮）女房、上西門院（後白河の同母姉の統子内親王）女房などが居り、頼朝の官職の始まりは、1158年（保元3年）皇后宮権少進《しょうしん》（12歳）、翌年、右近将監《しょうけん》を兼ね、上西門院蔵人、二条天皇蔵人、平治の乱に従軍、初陣、従5位、右兵衛権佐に補任されている。

・頼朝は、平治の乱の最中は父義朝の傍らにあったが、乱に敗れた義朝が坂東を目指して落ちていく途中で父と逸れる。義朝は知多半島から海路坂東を目指そうとしたが、愛知県南知多町で入浴中に襲われて落命。頼朝も尾張で平頼盛の郎党平宗清に捉われ、京都に送られ、頼盛邸に軟禁された。頼朝も乱に敗れた源氏一族として処刑される運命にあったが、清盛の継母池禅尼に命を救われた。禅尼は頼朝が自分の亡き息子家盛に似ていたことから頼朝に同情、頼朝の助命が清盛のためにもなると考え、助命に動いたとされる。

頼朝が蔵人として仕えた上西門院から池禅尼に圧力があり、清盛も後白河の同母姉の上西門院に恩を売る機会と考えたともされる。

1160年3月　頼朝は助命され、伊豆伊東に流罪となった。以降、1180年までの20年間、流人として伊豆で過ごすことになる。

②　頼朝の弟達

・頼朝の同母弟の五郎丸（希義《まれよし》）は土佐に流罪。

頼朝、希義の配流先は、流罪担当官が機械的に判断したものとされるが、後日、頼朝は地元武士に担がれて天下を征し、希義は平氏に殺され、運命は分かれた。

・義朝と後妻（頼朝の母は病没）常盤との3人の子、今若（8歳　阿野全成）、乙若（6歳　義円）、牛若（2歳　義経）は、清盛が頼朝を助命したことから、僧になることを条件に助命され、それぞれ、醍醐寺、園城寺、鞍馬寺に入れられた。義経は僧に飽き足らず、奥州藤原秀衡に保護を求め、陸奥に入った。

・範頼は義朝と遠江の遊女との間に生まれ（1154年）、蒲氏に育てられ蒲冠者と呼ばれた。平治の乱後に武蔵国比企郡安楽寺に入ったが、後、藤原範季の養子となり、14歳頃に蒲に戻ったとされる。

流人時代の頼朝

・1160年3月11日　頼朝（14歳）、京都出立し伊豆へ。

頼朝の乳母比企尼は武蔵国比企郡に下向、以降、20年にわたり、食料、衣料など頼朝に経済的援助を続け、尼の縁戚の三善康信は10日に1度は京都の情勢を頼朝に連絡。また、尼は、安達盛長（武蔵国の武士、後年、娘は範頼の室）、河越重頼（武蔵国の武士、後年、娘は義経の室）、伊東祐清（娘婿）に頼朝支援を命じたとされる。

・頼朝伊豆配流当時の伊豆国司は源三位頼政、伊豆在庁官人は工藤茂光《もちみつ》。平氏全盛時代に伊豆の国司が源氏であったことは、頼朝にとって幸運であった。土佐に流罪となった弟の五郎丸希義は、土佐で平重盛家人蓮池家綱に殺されている。

1180年5月　以仁王蜂起、合戦で頼政落命。国司は平時忠（清盛の室時子の弟）、現地目代は中原知親に代わり、平氏重代の家人山木兼隆が威勢拡大、頼朝周辺は不穏な状況となった。

・頼朝は、20歳代末、伊東祐親（平氏側の頼朝監視役）の三女八重姫と懇ろになり、千鶴丸が生まれた。京都から帰った祐親の知る処となり、平氏を怖れた祐親は千鶴丸を殺害、頼朝も殺害しようとしたが、頼朝は八重姫の兄の祐清の助けで北条時政（1138―1215年）館に逃げ込み、蛭ケ小島に移った（1175年9月）とされる。

・北条氏は小規模の武士団、土豪的存在で、田方郡北条と狩野川対岸の江間を本拠地とし、所領の地名北条を名乗った。蛭ケ小島を西側からコの字形に囲む所領で、時政は流通にも関与、情報に通じていたとされる。時政の最初の妻は伊東祐親の娘で、清盛の命により祐親と共に頼朝を監視していたとされる。

時政が京都へ出た留守中に、頼朝と時政の娘政子が懇ろになる。時政はこれに気付き、政子を山木兼隆に縁付けるが、政子は嫌って頼朝の許へ逃げ、時政もこれを認めたとされる（１１７７年　頼朝31歳、政子21歳）。この話は創作の可能性が高いとの指摘もある。

２　頼朝挙兵

石橋山の戦

・１１８０年（治承４年）４月27日　以仁王が東海、東山、北陸３道の源氏に蜂起を呼びかける令旨が、八条院蔵人源行家により、伊豆北条館の頼朝（34歳）に届く（吾妻鑑）。以仁王、源頼政は平氏に討たれ、各地で残党追捕、６月29日　伊豆知行国司は平時忠に交代。

平家物語では5月10日　頼朝の許に使者到着とする。三善康信が弟康清を以仁王挙兵の顛末を知らせるため伊豆へ派遣、6月19日　伊豆着、頼朝に奥州への逃亡を勧めたともされる。

6月24日　頼朝は安達盛長を軍勢催促のため近隣に派遣、不調。

6月27日　頼朝と三浦義澄、千葉胤頼が北条館で密談。

8月2日　大庭景親が坂東の平氏家人を率いて源有綱（頼政の嫡孫）追捕のため相模国着。有綱は既に奥州藤原秀衡の許へ逃亡。

・大庭景親下向で頼朝は追討の危機を感じ、北条一族を味方に挙兵。政子を伊豆山、さらに、秋戸郷に避難させ、8月17日　平時忠派の山木兼隆館を北条時政中心に30騎程で夜襲。当夜は三島神社の祭礼で館の守備も薄く、兼隆を討ち取る。

8月20日　頼朝は伊豆から相模へ。有綱が伊豆を去ったため、工藤茂光が一族郎党を率いて頼朝陣営に加わる。これにより頼朝軍は数十騎から300余騎となった。三浦党が頼朝に加担、共に戦うことになっていたが、酒匂川増水で間に合わないままに、23日　石橋山戦（小田原市）となった。

頼朝側300余騎（北条時政・子息の宗時・義時、工藤茂光、天野・宇佐美など伊豆の武士団、土肥實平（實平）・岡崎義実《よしなり》など相模の武士団）に対し、平氏側は伊東祐親300騎、大庭景親3000騎（兵力数は疑問）。

頼朝完敗。北条宗時、工藤茂光など多くの戦死者を出し敗走。

土肥實平の案内で石橋山山中の洞に隠れた頼朝に、大庭側の梶原景時が気付いたが、洞に弓を入れ、誰も居ないと偽り、頼朝を意図的に見逃した逸話はこの時のもの。その縁で、後日、景時は頼朝に仕える。

頼朝、北条時政・義時父子は土肥實平の案内で真鶴岬から海路、安房猟島（千葉県鋸南町）へ逃れた。

石橋山合戦後に範頼が頼朝軍に加わったとされる。
・合戦に遅れた三浦義澄等は鎌倉由比浦で大庭側に遭遇、合戦。
畠山重忠（17歳）、河越重頼、江戸重長など秩父一族が三浦半島衣笠城（三浦氏の本拠地　横須賀市）を攻め、８月26日　衣笠城陥落、三浦義明戦死。三浦一族は安房へ逃れた。

鎌倉に本拠、源氏の頭領源頼朝誕生

①　頼朝、房総で勢力形成、鎌倉へ

・９月17日　下総の千葉常胤参陣。
９月19日　上総介廣常が２万騎を率いて、墨田川の頼朝陣地に到着（数字は疑問）。着陣が遅れたことで頼朝に一喝され、頼朝の器量に感服、心服したとされる。

上総介は平良文を祖とし、平忠常を先祖に持つ豪族。4位少将平時家（大納言平時忠の子、鹿ケ谷事件で後白河近臣と見做され少将解任、上総に流され、廣常に預けられた）を娘婿に迎えており、頼朝の器量が小さければ、時家を担いで頼朝を討つつもりであったともされる。廣常の加担は頼朝陣営にとっては極めて大きなもので、廣常はキングメーカー的存在であった。廣常は坂東の中央からの独立を望んで居り、後日、この問題で頼朝に殺害されることになる。なお、時家は、1181年　頼朝の下に出仕、1193年没迄、頼朝側近となった。

10月1日　全成《ぜんじょう》（後年、室は政子の妹阿波局）が鷺沼宿（習志野市）で参陣。

10月4日　房総での頼朝優勢の状況を見て、畠山重忠、河越重頼、江戸重長など秩父一族が頼朝陣営に参陣。当初、秩父一族は平氏側にあり、相模で三浦氏を攻めたが、重忠は、「平氏から受けた恩を果たすため一度は合戦したが、義理は果たしたのでこちらに参った」と釈明、頼朝がこれを受け入れた。三浦一族は、三浦義明を秩父一族に討たれたばかりで、心中穏やかならざるものがあったが、頼朝が宥めたとされる。

・頼朝の勢と寛容な受け入れ姿勢に、近隣の武士達は次々と頼朝の下に集まり、頼朝軍は急速に膨張した。武士達にとって、自家存続、繁栄のため損得で与同を決めることは自然の流れであった。

武士団は惣領（主人）の下に家子《いえのこ》（惣領の血縁関係者、所謂、一族）、郎従（惣領と血縁関係を持たない従者）で構成され、数人から数十、数百の武士団と大小様々であった。

・源氏と南関東の武士の絆は、義家の子の親義、為義の源氏衰勢時代に一旦切れたが、義朝が京から下向、再構築した。義朝は上総介氏に世話になり、千葉氏は義朝に敗れて臣従。保元の乱には上総介廣常、千葉氏は義朝軍として参戦、平治の乱にも上総介廣常は参戦したとされる。

・千葉常胤の勧めで、10月６日　頼朝は累代の源氏の本拠地鎌倉に入る。政子も鎌倉に呼び寄せられる。この段階での頼朝の勢力圏は、伊豆、相模、武蔵、房総であった。

②　甲斐源氏と連携、富士川の戦

ⅰ　甲斐源氏の戦

頼朝は、北条時政、義時を甲斐源氏との連携のため甲斐に派遣。

甲斐源氏（源義家の弟の義光の子孫）武田信義、叔父安田義定は８月末挙兵、甲斐占拠。信濃に侵攻、南信濃の平氏家人を討ち、駿河国（平宗盛の知行国）に向かい、10月14日鉢田（駿河国）で、駿河目代橘遠茂《とおもち》を破った（鉢田合戦）。

ⅱ　10月20日　富士川の戦

・相模の大庭景親、伊豆の伊東祐親は、配下の武将に頼朝追討使平維盛軍への合流を指示したが、多くの武士は頼朝陣営に参加。東国平氏は壊滅状態となった。
・平氏の頼朝追討使平維盛（重盛嫡子）7万騎と頼朝20万騎、甲斐源氏2万騎が駿河国黄瀬川（沼津市）で対峙（兵力数は過大で、平氏4千、源氏4万ともされる）。平氏は兵力動員に難渋、戦意も低く、戦う前に多くの兵が離脱、残存兵力は激減（1千―2千騎）していたとされる。戦況を見て、平氏側の老将伊藤忠清（伊勢）が維盛に撤退を進言、遠江国府（静岡県磐田市）に撤退と決まった直後に火災、水鳥の羽音もあって平氏全軍壊走。
11月5日　維盛等京都着。敗走に清盛激怒と伝えられる。
・10月21日　源義経（1159年生）が平泉から来着。黄瀬川で頼朝と対面、頼朝軍に加わった。義経は1174年頃に平泉に下向、藤原秀衡の保護を受けた。秀衡の制止を振り切って、僅かな郎党を率いての参陣であったが、頼朝は喜び、義経を猶子にしたとされる。
・富士川戦の後、頼朝は京都への進撃を武将達に諮る。千葉常胤、三浦義澄、上総介廣常などは、東国には佐竹義政始め、まだ、帰服していない勢力も多く、まず、東国平定、その後に、征西に向かうべきと主張。頼朝はこれを容れ、甲斐源氏の安田義定に遠江、武田信義に駿河の実効支配を任せ、鎌倉に引き返した（甲斐源氏の駿河、遠江支配は自らの戦によるものであり、当然の措置であった）。京都進撃、進駐は軍団の糧食確保に問題もあり、この時点での鎌倉帰還は適切な判断であった。

③　頼朝南関東制圧、鎌倉御家人制度発足

・10月27日　頼朝は佐竹秀義を討つため常陸に軍を進めた。秀義は金砂城《かなさ》（茨木県常陸太田市）で抗戦したが、11月６日　落城、秀義は奥州に逃れた。在京中であった佐竹隆義《たかよし》（秀義の父）が帰郷、領土回復の戦を続ける（１１８９年　奥州藤原氏滅亡後、鎌倉幕府に帰順）。頼朝は関東南部ほぼ全体を押さえ、初期鎌倉政権の基盤を固めた。

・11月17日　頼朝、鎌倉到着。三浦義澄の甥の和田義盛を侍所別当（御家人総括役）とする。

大庭景親など頼朝挙兵時に敵対した武士を処刑（伊藤祐親は自死）、所領没収。その所領を功績のあった者に分配（新恩給付）。味方となれば本領安堵、中立は許されなかった。源氏一族も対応を迫られ、足利義兼、加賀美遠光は頼朝に従った。新田義重は、自立の志を持っていたが、年末には頼朝に降った。

・12月12日　鎌倉大倉に落成した頼朝の館に３１１人の武士が集まり、頼朝への奉公忠誠を誓った。忠誠を誓った武士には本領安堵、勲公次第で新恩（領地）が給付される一方、頼朝への従軍、警護、米・銭の奉仕の義務（奉公）を負う（その後、恩賞には官位官職が加わった）。御家人制度の始まりである。頼朝は鎌倉殿と呼ばれ、坂東を基盤とし、その頂点として坂東武士を率いていく体制が発足した。

この時点で、頼朝は、「門葉（頼朝の血族）によるべからず、家人（頼朝側近）によるべからず」として、すべての御家人の間に差がないとする公平の原則を明らかにしている。以降2年間、畿内、西国飢饉（養和の飢饉）のため京都は食糧難の状況にあり、平氏側からの追討は無かった。この間に、頼朝は東国の勢力基盤を固めた。

・鎌倉は「海人と野鼠の棲家」と言われた寒村であったが、頼朝御所の完成を機に都市創りが始まる。１１８０年　由比ガ浜にあった鶴岡八幡（１０６３年　源頼義建立）を鎌倉中央の谷奥に移すこととし、翌年、本格造営。これにより、八幡宮から由比ケ浜に向かって延びる若宮大路が鎌倉の中心軸となり、頼朝に奉仕するための武士の屋敷が設けられた（鎌倉への武士の集住はなされず、武士の本拠地は別にあった）。

各地での源氏挙兵の動き

１１８０年11月　近江、美濃、尾張で源氏蜂起。
１１８１年1月　梶原景時が土肥實平の推挙で頼朝に仕える。
2月　肥後で菊池氏挙兵、豊後でも挙兵、伊予で河野氏が平氏と戦う。
3月　平氏の追討軍（1万）が、源行家、源義円、尾張源氏、大和源氏（総勢5千）を、尾張、美濃堺の墨俣川で破る。義円（頼朝の弟）戦死。

6月　源（木曽）義仲が千曲川横田河原（川中島とほぼ同じ場所）で平氏方の城長茂《ながもち》（義仲討伐のため信濃に侵攻）を破り（甲斐源氏武田氏も参戦）、北陸道に勢力拡大。北陸は京都の食料供給源であり、平氏にとっては東国以上に切実な問題となった。義仲配下の信濃、上野の家臣団（樋口次郎、兼光、今井四郎兼平、根井行親など）は、その後、義仲滅亡まで行を共にする。

1182年8月　源頼家誕生。頼家誕生後、頼朝は、頼家後継を明らかにする意図で、義経を猶子、親族待遇から御家人並みの扱いに変えたとされる。

3　義仲の平氏追討と義仲の滅亡

木曾義仲入京

①　倶利伽羅峠の戦

1183年（寿永2年）4月　平氏は北陸が焦眉の問題として義仲討伐軍派遣。平維盛、通盛6万騎が琵琶湖東西2道から北陸へ侵攻。しかし、兵の士気は低く、統制を欠き、兵糧不足のため沿道から略奪、現地住民の反発、敵対を招いたとされる。

義仲は、嫡子義高を頼朝の処に人質として送り、頼朝と和睦。

源行家、信濃仁科氏、加賀林氏などを加えた6千騎で平氏軍に応戦。平氏の還山《かえりやま》山頂の燧ケ城（福井県南条郡越前町今庄）を攻略、平氏は加賀国篠原（加賀市）、安宅（小松市）へ退却。平氏先鋒5千騎が倶利伽羅峠を越えて般若野（高岡市）に布陣、義仲軍と戦うが、加賀国に退く。

本隊の維盛軍4万騎が倶利伽羅峠（富山県小矢部市埴生奥山地内）へ、通盛軍2万騎は能登の志雄山《いおざん》へ進攻。義仲は越中国府にあって維盛の大軍と山中で戦うことを指示。義仲軍は倶利伽羅峠で密かに維盛軍を包囲、火牛（角に松明を着けた牛）を放ち夜襲、維盛軍は総崩れとなった。志雄山では行家軍が通盛軍に敗退寸前であったが、通盛軍は倶利伽羅峠の維盛敗北を聞き、加賀へ退却。平氏は安宅、篠原でも敗れ、京に引き揚げた。

② 義仲入京、平氏福原へ

・義仲の進軍に伴い、美濃源氏、尾張源氏、遠江の甲斐源氏安田義定、近江源氏などの地域勢力が次々加わり、比叡山も加わって京都を包囲、義仲軍は3万騎となった。常陸の志田義廣（為義の子、頼朝の叔父、2月に頼朝に叛旗、下野を目指すが頼朝に敗北）も義仲に合流。

以仁王戦死で南都に逃れた以仁王の遺児北陸宮（17歳）が八条院蔵人仲家（義仲の兄）の縁で義仲を頼り、義仲は越中国で宮を保護。

・7月25日　平氏は安徳を奉じ、三種の神器を擁して福原へ落ちる。後白河は、同日、比叡山に逃れて平氏同行を免れ、平氏離京後帰洛。後白河を伴えなかったのは平氏の失敗であった。後白河は、摂津源氏多田行綱に、「平氏を無暗に討ってはならない。まず、三種の神器の安全確保」と命じ、平氏は戦うことなく、京都を去った。7月28日　義仲が軍勢を率いて入京。

・平氏離京の過程で、平頼盛（池禅尼の子、清盛の異母弟）は平氏の連絡外に置かれたことで、平氏軍から離脱。10月20日　鎌倉に下る。平維盛（重盛嫡男）も八条院と親しかったことから、宗盛に裏切りを疑われ、平氏離京の連絡がなく、離京が遅れている。

③　後鳥羽即位

後白河は、安徳の帰京を促すが平氏は応ぜず、1183年8月　高倉の第4皇子尊成《たかひら》親王を即位させ、後鳥羽天皇（4歳）とした。

摂政は藤原基通《もとみち》（後白河と男色関係にあったとされる）。三種の神器の無い中での即位であった。後白河は、安徳帰京、後鳥羽に譲位、安徳が上皇になることを望んだ。義仲は、北陸宮が皇位に相応しいと主張、また、鳥羽の皇女八条院に近づき、いずれも後白河の不興を買った。

平氏滅亡、安徳入水までの1年半程の間、安徳、鳥羽の2人の天皇在位の事態が続く。

義仲入京後の情勢

・平氏を京から追った功績につき、後白河は、最初に挙兵した頼朝が功績1位、次いで、義仲、行家とし、義仲・行家に平氏追討宣旨、頼朝の上洛を促す。後白河は頼朝とその母が後白河の準母上西門院に仕えていたことから頼朝に親近感を抱いたとされる。

後白河は、頼朝は従5位下から上に、義仲は従5位下、左馬頭、伊予守に、行家は従6位上から従5位下、備前守に任じた。行家はこの処遇に不満で閉門篭居で抗議。

・摂津源氏、美濃源氏などは恩賞を得て、各々、帰国。彼等は、義仲を武士の頭領として認めることはなかった。随伴武士の離京で義仲の入京時の勢は弱まる。

義仲の朝廷の政治への無知に対する後白河の不満、養和飢饉の余波の食料不足が義仲軍入京で加速、治安の乱れも回復せず、後白河の義仲への評価は低落。

・8月6日　後白河は、平氏及び都落ちに同行した者を除籍（官人としての籍を剥奪）。

頼朝の戦略

頼朝は、後白河の上洛要請に対して、奥州の藤原秀衡、佐竹隆義との対立から鎌倉を離れることは出来ないとして上洛せず、外交展開。

10月14日　頼朝は後白河への奏請により、「東海、東山諸国の年貢を復興し、神社、仏寺、王臣家領荘園が元のように領家に従うことを命じ（荘園領主の支配の回復）、これに従わない者は頼朝に沙汰させる（従わない者は取り締まる）」との後白河の宣旨を得る（寿永2年10月宣旨）。北陸道も入っていたが、義仲が激怒、反対して外されたとされる。

諸国の荘園から京への年貢の確保は朝廷の急務であったが、東海、東山道は頼朝がその確保を保障。頼朝は、東海、東山道の荘園、公領に対する一定の指揮権、軍事力行使の権限を獲得したことになる。この宣旨は、頼朝の存在が公的なものとなったこと、後白河の頼朝による義仲排除の指示を意味するものと見られている。頼朝のこの宣旨獲得を以て鎌倉幕府成立と見る学説も有力である。

平氏の動向と義仲の対応

・平氏は福原を焼き払い、西国へ落ちる。８月26日　九州に入る。大宰府の大蔵一族、北九州の山鹿氏などが平氏支持であったが、勢力挽回は所期のようには進まず、閏10月　讃岐屋島（香川県高松市）を拠点とし、安徳の行宮を置く。伊予の河野氏は反平氏であったが、阿波、土佐、讃岐は平氏勢力下となった。平知盛は長門の彦島に軍営を置き、九州の兵で門司関を固め、瀬戸内海を制し、自立した支配域を持ち、山陽道を固め、１１８４年1月には福原に布陣。

・後白河は義仲に平氏追討を迫り、1183年9月20日　義仲、西国に出陣。10月1日　義仲配下の足利義清、海野幸弘5千騎、軍船千余艘が備中国水島で軍船5百艘を率いる平知盛軍と戦い、義仲側敗北、義清、幸弘討死。海戦の習熟度の差もあったが、当日に起こった日食を平氏は予め知っていたが、義仲軍は不知で、天変への驚愕もあっての敗北とされる（水島戦（岡山県倉敷市玉島））。

備中に布陣していた義仲の許へ、京に残した樋口光兼から行家が後白河に義仲を讒言、後白河は頼朝に上洛を勧めているとの連絡が入り、義仲帰洛。

後白河と義仲の戦、義仲政権

・11月　後白河は、義仲追討官符を発出、多田行綱などの武士、比叡山、園城寺の悪僧集団を集め、鼓判官《つつみはんがん》知康を将に2万人が法住寺殿に陣どった。

義仲帰洛、11月18日　法住寺殿を攻撃、撃破（法住寺合戦）。義仲は、後白河を幽閉、天台座主明雲、三井寺長吏円恵法親王を斬罪に処し、政権を手中にした。摂政藤原（近衛）基通罷免、藤原（松殿）師家《もろいえ》（基房の嫡男）を摂政、内大臣とする。

・12月10日　後白河から義仲に頼朝追討令、12月15日　平泉藤原秀衡に頼朝追討令。

行家は身の危険を感じ、11月8日　平氏追討のためと称して西国へ向かうが、11月28日平教盛、重衡と戦い惨敗。河内国石川城（河内長野市）で義仲討伐の旗を揚げる。

頼朝の義仲討伐

・鎌倉では上総介廣常を筆頭とする坂東自立派が、「鎌倉は東国割拠の政権となり、所領に束縛も負担もない状況の実現」を主張、頼朝軍の西上に反対。平氏追討に動くためには廣常を除く必要があった。

１１８３年12月22日　頼朝は梶原景時に命じて、双六遊びの最中に廣常斬殺、嫡男能常《よしつね》殺害、上総介本宗家滅亡。西上軍出陣の障害を除去した。頼朝旗揚げに貢献した廣常殺害は頼朝の非情を示す出来事であった。

・頼朝は範頼を総大将（軍奉行　和田義盛）に5千の上洛軍を鎌倉から進発させる。先立つ11月　義経が頼朝から平氏の本拠地伊勢に残る残党追捕を命じられ5百騎で伊勢国に入る（軍奉行　梶原景時）。義仲の法住寺合戦への反発から多くの武士が義経軍に加わった。

範頼軍3千が勢多から、義経軍２５００は宇治から京へ進攻。

・義仲は後白河を奉じて北国での再起を考えたが、京で戦わざるを得なくなった。

１１８３年12月　義仲は平氏と和睦、平氏軍を京都に入れ、連合して頼朝と戦うことを平氏に働きかけ、平氏は義仲が行家を討伐することを条件に、１１８４年1月13日　両者の連合合意成立。義仲は樋口兼光に５００の兵を預け、河内の行家攻略を命じ、残りの兵千で範頼・義経と瀬田、宇治で戦う。兼光は行家に勝利するが、義仲は数に勝る範頼・義経軍に敗北。義経は宇治を突破、後白河が軟禁されている六条院へ直進、後白河の身柄を確保、義仲を京から追い落としたことを報告。敗れた義仲は北国を目指して近江へ向かうが、1月20日　近江粟津で敗死（31歳）。幼少より共に育った女武者巴御前は同道を求めたが、義仲は女々しいとの非難を怖れ同道を拒否、巴は帰郷。兼光は行家（紀伊へ逃れた）を破ったが、範頼・義経軍に捕縛され斬首。

・義仲は、軍の乱暴狼藉、義仲自身が京の作法・公家の扱い方を知らなかったため公家の不評を買った。一方、義経の京都での評判は良かった。義経の母常盤御前（九条院の雑色女）は絶世の美女で、１１５９年に「平治の乱」が起きた時には義朝の「北の方」の地位にあり、義経は当腹の子（正妻の子）、その後は、常盤は義朝の唯一の後家、義経はその息子、頼朝は正嫡であるが母は既に亡くなっており、先妻の子と認識されていたという。

常盤は義朝没後、清盛の愛人、更に、藤原長成の正妻となっている。義経が奥州平泉藤原秀衡を頼ったのは、秀衡の妻の父の藤原基成が長成の母方の従兄弟の息子であったことによるとされる。

４　頼朝の平氏追討

戦前の情勢

・１１８４年１月29日　後白河から頼朝に義仲残党追捕、平氏追討の院宣。追討使の出立日を２月６日とする。

師家の摂政罷免、基通を摂政に戻す。

当時の平氏勢力圏は西国の殆どに及んでいた。山陽道は播磨・美作・備前・備中・備後・長門・周防、山陰道は伯耆・出雲・石見、南海道は阿波・讃岐・土佐、九州は豊前・豊後・肥後。

２月　範頼と義経は二手に分かれて京都進発、福原攻略に向かう。

・戦前の情勢は次のようなものであった。

ｉ　西国は、この時期、飢饉による深刻な食糧不足で、義仲の軍勢入京は、京住民との間に食料問題で深刻な対立を惹起した。そうした事情から、頼朝は上洛軍を早く京から離す必要を感じていた。

ii　義仲が平氏に和睦、上洛して共に頼朝と戦うことで合意。１月26日　平氏は福原旧都を回復、安徳を迎える体制となっていた。後白河は平氏に使者を送り、安徳、後鳥羽の二帝体制の解消（安徳が上皇として帰洛、後鳥羽に禅譲の儀を行い、三種の神器を移す）、平氏の前官職復帰、宗盛には屋島内裏のある讃岐を知行国とするなどの和平案を呈示（後白河にとっては、安徳の身柄と三種の神器の安泰は是非とも必要であった）。頼朝は後白河提案の現実化を懸念していた。

iii　後白河は、平氏との交渉実現のため、平氏の勢は削ぐが、追い詰めすぎてもいけないとの姿勢を示しており、平氏は源氏の軍勢接近は知っていたが、積極的に軍を動かさない状況にあった。

一の谷の戦

①　一の谷の戦

・範頼は福原の東の生田の森（兵庫県神戸市生田区）を進む大手軍5万6千騎（梶原景時、小山朝政など）を率い、義経は福原の西から迂回する搦手軍2万騎（安田義定など）を率いた。後白河は、平氏軍に対し、源氏兵力が少ないと見て摂津源氏多田行綱に出陣を命じた。吾妻鑑に記す軍勢数は過大で、源氏軍2―3千騎、平氏軍2万騎との見方もある。いずれにせよ、源氏軍は平氏軍に比べ少なかった。

・平氏は摂津国福原京跡を本陣とし、知盛、重衡率いる大手軍を東を守る生田に配置。丹波路対応のため三草山（兵庫県加東市）の搦手に資盛、有盛、師盛（小松家兄弟、重盛の息子）を配したが、２月４日　義経の夜襲に敗れ退却。通盛、教経を須磨の浦入り口となる一の谷城から西側の山裾に配した。

・２月６日　範頼は生田の森で平氏主力と激戦。行綱は山手から進撃。義経は軍を分け、土肥實平は浜手に回って一の谷城を西から攻め、義経は小人数で「鵯越《ひよどりこえ》の逆さ落し」で一の谷城攻略。福原の西の守りが崩れたことで平氏軍は崩壊、多くが脱落し自滅した。水軍が退却、逃げ場を失って討死した武将も多い。源氏は大勝利。平氏は一門の通盛、忠度、敦盛、経正、経俊、知章、業盛討死、重衡は捕虜となった。

・義経の「鵯越えの逆さ落し」については、義経ではなく行綱がやったとの説、そもそも実在のものではなく創作であるとの説もある。

戦闘の前日、後白河から、「宗盛の許に使者を送るので、それ迄合戦しないように。そのことは関東の武士にも伝えてある」という内容の書状が届いており、平氏は後白河の策略に嵌ったとの指摘もある。

②　戦後の動き

・平氏は屋島に撤退。京、畿内は頼朝軍の支配下となったが、平氏は瀬戸内制海権を維持。頼朝は、義経を京都駐留軍大将に残し、土肥實平、梶原景時を備前・備中・備後・播磨・美作の総追捕使に任じ、5か国の平氏家人掃討、鎌倉側に取り込むことを命じ、範頼には軍勢を率いて鎌倉に戻ることを命じた。追討延期は兵糧問題であった。

・頼朝軍が重衡を捕虜としたことで平氏と交渉があり、宗盛は交渉の過程で三種の神器返還、安徳・建礼門院の上洛は了承するが、讃岐を宗盛の知行国とすること、源平並んで朝廷に仕えることを要求、頼朝は宗盛の要求を不可として交渉決裂。重衡は鎌倉で斬罪。

平維盛は、宗盛の不信が因で、一の谷戦後、一門を離れ高野山に入り、熊野三山参詣後、入水自殺。

・3月28日　頼朝、正4位下叙任。6月20日　範頼、三河守任官。

8月6日　義経、左衛門尉、検非違使任官、9月18日　従5位下叙任、10月11日　内昇殿。

・6月16日　甲斐源氏内紛。一条忠頼（武田信義嫡男）が暗殺され、信義謹慎。頼朝は甲斐源氏内紛を利用して、独立性を主張する甲斐源氏嫡流を没落させた。

・7月8日　源氏勢力拡大に抗して、伊賀国で平氏側の平田家継、伊勢国で関信兼挙兵、伊勢の猛将伊藤忠清などが参戦。近江に進撃、上洛を目指した。源平激戦、家継戦死、8月12日　信兼自害、忠清逃亡。その後、院周辺は忠清の報復を恐れた。

屋島の戦

①　範頼の山陽道出陣

屋島の宗盛は四国で、九州では知盛が勢力拡大。

８月８日　範頼が千騎を率いて鎌倉出陣、北条義時随行。８月27日　京都着、８月29日朝廷から平氏追討官符、９月１日　山陽道に向け出陣。山陽道の総追捕使土肥實平、梶原景時は苦戦しており、屋島攻略、山陽道の平氏追討が必要な状況であった。

範頼は、京を出て屋島と対峙する室津、10月　安芸、周防へと進み、11月には平知盛の拠点の長門国に達するが、長門を攻略出来ず、滞陣は長期化。矛先を変え、周防から豊後に渡海、１１８５年１月には大宰府を攻略するが維持出来ず、周防に戻る。兵糧欠乏、兵は厭戦気分となっていた。

②　義経出陣

１１８５年１月　頼朝は義経に出陣、屋島攻略を命じる（軍奉行　梶原景時）。１月10日　義経、京都進発。摂津国渡辺津で、出兵体制を整え、２月18日　渡辺津出陣、軍船５艘、１５０騎で嵐の中を渡海、阿波国桂浦（徳島県小松島市）に上陸、屋島を目指す。四国勢が加わり３５０騎となって、２月19日　屋島急襲。

平氏は範頼軍が九州に渡った時期を捉え、伊予の河野通信を討つため３千騎を出兵、また、阿波、讃岐の各浦に軍勢を配し、屋島は手薄になっていた。平氏は義経軍を大軍と錯覚したこと、水軍の攻撃を予想しており、陸からの義経の急襲に動揺、安徳を護って軍船に退く。浜の源氏軍と軍船の平氏軍が対峙する戦況となったが、2月22日　梶原景時率いる追討軍主力が到着。平氏は長門の彦島へ逃れた。四国には屋島戦に間に合わなかった平氏の人々が多く残された。

義経の急襲戦略は、それなりの戦果を挙げたが、戦場で御家人に手柄を立てさせる配慮に欠け、御家人の不評を買ったとされる。

壇ノ浦の戦

・3月14日　頼朝は範頼に使者を派遣、安徳、建礼門院の確保、三種の神器回収を厳命。範頼がこれを義経に伝えたかは不明。頼朝名代として振る舞う範頼に義経は強い嫉妬心、敵愾心を持っていたとされる。

・3月24日　壇ノ浦の戦

義経側は、三浦水軍、摂津の渡辺水軍、伊予の河野水軍、紀伊の熊野水軍など軍船840艘。平氏側は、軍船千余艘を4手に分け迎撃体制を整えた（第1陣　山鹿秀直等筑紫勢200艘、第2陣　粟田重能等四国勢200艘、第3陣　本陣200艘、第4陣　菊池・

原田など九州勢）。平氏は唐船（航洋船）に軍兵を乗せ、和船（内航船）に平氏公達や侍大将率いる精兵を乗せ、唐船を囮にして戦う作戦であった。

初戦は平氏第1陣が源氏軍を押していたが、第2陣の粟田重能が裏切り、「唐船には大将軍は居ない、和船を攻めよ」と平氏戦略を暴露、源氏は平氏の和船に攻めかかり平氏軍は自壊。義経は、非戦闘員の「水主《かこ》・梶取《かじとり》を殺せ」と命じ、平氏軍船の自由を奪った、潮流を利用したとされ、勝利のためには手段を選ばなかったと評される。

平氏は壇ノ浦で覆滅、安徳、建礼門院は入水。総大将知盛は「見るべき程のことは見つ」の辞世を残して水没。安徳入水死没、三種の神器のうち宝剣は海中に失われ、頼朝の命令は実現しなかった。宗盛父子は捕虜。

4月11日　義経から合戦の報告が頼朝に届く。

4月12日　頼朝は、範頼には九州に留まり平氏残党狩りと没官領の始末を命じ、義経には、壇ノ浦の捕虜（宗盛父子、建礼門院など）を伴い帰京を命じた。

義経は4月26日上洛、範頼は半年近く九州に留まり、10月　上洛。

・平氏の敗北、滅亡の因として、総帥宗盛の凡庸、前線の指揮を知盛・重衡といった適任者に任せなかったこと、一の谷戦で多くの有力武将を失ったこと、公家生活が続き平氏子弟が武人の意識を失ったことなどが挙げられる。源氏御家人は自らのため恩賞を得ることが戦の目標であり、戦意に大きな差があった。

5　頼朝の義経追討

義経上洛

義経上洛。壇ノ浦戦勝利、平氏覆滅を果たした義経を後白河は凱旋将軍として迎える。

1185年4月27日　頼朝、従2位叙任、義経、院御厩司（院の親衛隊長）補任。

4月　頼朝の許に、範頼、梶原景時を始め、多くの御家人から義経が頼朝の意向を無視、独断専行したと義経の専横を訴える書状が届く。義経批判は、西国の戦で義経の独走により東国御家人の恩賞の機会が奪われたことに対する憤懣にあった。

5月　義経は頼朝に異心の無いことを誓った起請文を提出。

義経の腰越状、頼朝と義経の決別

・5月7日　義経は平宗盛以下の捕虜を率いて鎌倉に向かうが、頼朝は近くまで来た義経の鎌倉入りを許さない。義経は、「自分は頼朝のために戦い勝利した」と肉親の情に訴え、鎌倉入りを嘆願する書面（腰越状）を大江広元を介して頼朝に提出するが、頼朝の許しは出なかった。６月９日　義経は鎌倉入りを諦めて帰洛。帰洛の途中で宗盛父子処刑。義経の腰越状騒動として有名であるが、後世の創作ともされる。

義経は、５月16日に鎌倉入りして頼朝と対面、６月９日　鎌倉発、６月21日　近江篠原宿で宗盛などを処刑、帰洛。頼朝との対決は、まだ、決定的ではなかったとの見解もある。

・８月４日　源行家が謀反の嫌疑で頼朝に絶縁される。

８月16日　義経は後白河から伊予守に補任、検非違使留任、９月18日　院昇殿。

・伊予守補任までは頼朝と義経の関係は破綻していなかった。頼朝は伊予守補任で義経が鎌倉に帰ってくることを求めたが（知行国主は現地に赴く必要は無く、鎌倉在住が可能であった）、義経は職責上在京が必要な検非違使を辞めず、鎌倉に帰ることを拒否した。

頼朝が義経を鎌倉に呼び戻そうとした背景には、朝廷の義経への評価が高く、義経が後白河の許で独自の軍事組織を創り、頼朝に対抗する存在になることへの懸念、鎌倉幕府内で頼朝の次の後継者として４歳の頼家に比べ義経の方が相応しいとの見方も生まれており、頼朝はこれを抑え込む必要があった。一方、義経にとっては、鎌倉に帰っても自らの将来に展望が持てる状況になく、こうしたことから２人の関係は、この時点で決裂したと見る（元木泰雄氏）。

義経・頼朝対決、義経都落ち

10月17日　頼朝は南都の悪僧から御家人となった土佐坊昌俊に義経の居館を襲撃させ、失敗。

10月18日　義経が後白河に願い、頼朝追討の院宣が出される。頼朝は義経の所領を取り上げ、義経の配下で戦った御家人達に、義経の命令に従わないよう指示。

義経は、畿内で兵を集めようとするが、加担する者は少なく、逆に、義経を討って功を挙げようとする動きも生じる。公家達は義経を陰に陽に庇ったと言われる。

義経と行家は、後白河を擁して西国を目指そうとするが、後白河拒否。

10月24日　頼朝は鎌倉で父義朝のため建立の長寿院落慶供養。

11月1日　頼朝は、2千余の上洛軍で駿河国黄瀬川まで進軍。

11月3日　義経は兵を集めるため西国へ向け船出するが、暴風雨で難船。行方を眩ます（義経都落ち）。

11月8日　頼朝は鎌倉へ帰還。この時に、頼朝は後白河を「日本一の天狗」と罵ったとされる。

義経の舅の川越重頼は、頼朝により所領没収、殺害される。また、多田行綱も義経に与したとの嫌疑で頼朝により没落させられた。

守護、地頭設置

・11月11日　後白河から頼朝に義経・行家追討の院宣。

11月24日（文治１年）　義経に頼朝追討院宣を下した後白河の責任を問うため、北条時政が頼朝の名代として千騎を率いて上洛。頼朝は京都に縁の深い平頼盛（元大納言、池禅尼の子、鎌倉在住）を派遣しようとしたが、頼盛は荷が重すぎるとして辞退。北条時政派遣、後白河との交渉は権中納言吉田経房《つねふさ》（伊豆受領、頼朝挙兵時の安房守、高倉院別当、安徳天皇蔵人）に託すこととした。経房は時政を北条丸と見下したが、頼朝の舅ということで時政と会見。11月28日　時政は経房に会って重事を示した。

重事とは、朝廷に守護・地頭設置を要求、認められたことと理解されている（文治の守護地頭勅許）。これを以て鎌倉幕府成立と見る学説も有力である。

12月　関東申次設置。吉田経房任命。

・地頭、総追捕使（守護）は平氏追討の過程で補任されている。時政が求めたのは、一国に一人の国地頭設置（諸国荘園公領から兵糧米徴収（反別５升）と輩成敗権（国内武士の動員権）を持つ）を朝廷に認めさせることであった。時政が畿内７国、梶原景時が播磨・美作、土肥實平が備前・備中・備後の国地頭に任じられており、西国で義経による大規模な反乱が生じることを想定した措置であった。義経逃亡で事態は沈静化したため、翌年３

月末　時政は鎌倉に帰り、国地頭は廃止され、権限の限定された総追捕使（13世紀初頭頃守護の名称に）に代わったとする見解がある（元木泰雄、木村茂光氏）。

・鎌倉時代の守護、地頭の役割について触れておく。

総追捕使は、平安時代には非常時に任命される職であったが、幕府の常設の職（守護）となった。守護は国ごとに設置され、謀反人、殺害人検断と大番催促（宮廷警備の課役）の大犯《たいほん》三か条、地頭・御家人への幕府の命令伝達を行い、御家人を指揮する代官とも言うべき存在で、世襲されるものではなかった。

地頭は、荘園公領に設置され、当初は、平氏遺領、義経旧所領に設置するのが狙いで、頼朝は地頭の権限も明示しなかったようであるが、やがて、諸国荘園公領の治安、年貢取り立て、勧農などを任務とし、報酬として年貢の一定割合を取得する職として確立、恩賞の対象で世襲された。

鎌倉時代以降、荘園公領に預所と地頭、国に国司・目代と守護が併存することになった。後白河は守護・地頭体制に対抗するため、御家人地頭の年貢納付がらみの訴状を次々と鎌倉に送り付けている。当時、戦乱で台帳に定められた通りの年貢が納められない地が多かったが、後白河は戦乱は終息したとして所定の年貢の納入を求め、地頭が滞納すれば地頭の交代を要求、所領を失う、配流される御家人が生じたとされる。

・１１８６年３月　後白河、平氏と親密な近衛基道（基実の子）に代わって九条兼実（藤原忠通の６男、頼朝より２歳若い、院政に否定的立場）が後鳥羽の摂政に就任。頼朝・兼実と後白河・基道の対立関係となる。
５月　源行家が和泉で討たれる。
７月　平氏没官領、謀反人所帯跡以外の地頭職停止（戦時体制終了に依る）。その後、承久の乱により大量の地頭職が設置された。

義経の命運

・１１８７年２月　義経が奥州に入り、藤原秀衡は義経を受け入れた。
義経は、大和国吉野で愛妾静と別れ、多武峰《とうのみね》、十津川、伊勢など寺社の保護で各地を転々と逃避行を続けていた。

秀衡は、頼朝の平泉侵攻を見越して、義経を擁して奥州自立を考えたと見られる。

義経は、「頼朝追討院宣」を使って奥州住人の味方を募る。

義経奥州在の情報は頼朝に伝わり、９月　頼朝の要請により、奥州藤原氏に対して「義経を差し出せ」との後白河の院宣。秀衡拒否。再度、院宣が出されるが、秀衡は再度拒否、10月29日　秀衡没。「義経を大将軍として一族結束せよ」と遺言。

・義経の生涯の華の時期は平氏の討滅の時であった。京都帰還は後白河から凱旋将軍として迎えられ、後白河は、義経を頼朝への対抗馬として使おうと謀る。その動きに頼朝は気付く。頼朝は権勢維持のため、義経排除に動く。頼朝に叛いてまで義経に従おうとする御家人はほとんどなく、義経は失脚、平泉に逃げ、頼朝の攻勢にあって滅亡した。義経は生き残るためには、後白河の策謀に気付き、これを退け、鎌倉に帰るべきであった。しかし、頼朝の後年の行動をみると、義経が鎌倉に戻ってもやはり頼朝は義経を専制支配の障害になると考え滅したのではあるまいか。

6 頼朝の奥州平泉藤原氏征討

平泉藤原3代

後三年の役で清原（藤原）清衡が勝者、奥州の覇者となって藤原3代の礎を築いた。奥州藤原3代は、平泉の中尊寺、毛越寺などと共に、中尊寺の3代のミイラが有名である。ミイラから、清衡は160cm、AB型、基衡は165—170cm、A型、秀衡は160cm、AB型と判明している。

①　**初代　清衡**

後三年の役の勝者となったのが32歳。1090年代中頃、本拠地を豊田（岩手県江刺市）から磐井郡平泉に移し、以降100年間、平泉は奥州の都として繁栄する。白河（福島県白河市）から外ヶ浜（津軽半島）まで支配、東北を一つの結合体として纏めたのは東北の歴史上初めてのことである。官職は、出羽、陸奥押領使。

1126年　中尊寺建立。当初の平泉は中尊寺を中心とした狭い地域であった。1128年7月29日没、73歳。

②　**二代　藤原基衡**

兄の惟常《これつね》と戦い、倒して、1130年　家督承継。毛越寺建立。平泉市街拡張。押領使に加え陸奥在国司（在国しない国司の代わり）となる。1157年没、50余歳。

③　**三代　藤原秀衡**

・柳の御所が本拠。無量光院建立。

1170―1176年　鎮守府将軍、1184年　陸奥守。妻は京の藤原基成（信頼の兄）の娘で、京とのパイプを持つ。

・後白河は、源氏と対抗するため秀衡の力に期待。頼朝にとっては、奥州藤原氏は政権の背後を扼する存在で、鎌倉に安定政権を築くためには潰す必要があった。

頼朝は秀衡に圧力をかけ続けた。
1186年4月　平泉政権が朝廷に送る貢金、貢馬を鎌倉経由して行うよう要求。
1187年　東大寺大仏の鍍金用砂金3万両の平泉藤原氏提供を朝廷を通じて働きかけ。
1187年2月　義経が平泉に居ることが発覚。9月以降、頼朝は「義経を差し出せ」と圧力。

・秀衡には陸奥の女性との間に生まれた長男国衡（父太郎）と正妻との間に生まれた泰衡（母太郎）があり、正妻から生まれた泰衡が家督承継。国衡は武者柄も優れ、家臣の人望もあり、2人の仲は良いとは言えなかった。秀衡は、自分の没後の兄弟仲を心配、また、泰衡に激動の今後の奥州を担っていくには心もとなさを感じ、死に際し（1187年10月29日没）、自分の正妻を国衡に娶らせ、国衡を泰衡の義父とし、国衡・泰衡に異心の無いことを誓わせ、義経（義顕と称していた）を大将軍として国務（奥州支配）を行うよう遺言した。

頼朝の平泉討滅

①　泰衡との戦

・1187年　泰衡に「義経を召し進むべし」との院庁下文。泰衡拒否。このやり取りを繰り返す中で、頼朝は１１８８年暮れから本格的出兵準備開始。

１１８９年２月　泰衡は弟頼衡殺害。頼朝は泰衡に義経追討を命じ、泰衡はこれに応じて、閏４月30日　衣川館に義経を襲い、義経（31歳）を妻（河越重頼の娘）子と共に自害させ、６月　義経擁護派の弟忠衡殺害。

泰衡は、これにより危機は回避出来ると考えたが、頼朝の狙いは平泉藤原氏討滅であり、泰衡の判断は甘かった。

・頼朝は後白河に泰衡追討の院宣を求める。後白河は、頼朝に対抗する勢力を温存したい考えから、院宣を出さなかった。

頼朝は、「泰衡は家人なり、成敗権は我にあり」として、院宣を待たずに７月19日出陣。28万騎動員。３手に分け、大手軍頼朝は福島県中通りから（先鋒は畠山重忠）、浜通りから東海道大将軍千葉常胤（常陸、下総勢）、山形から北陸道大将軍比企能員（上野、越後、出羽勢）出陣。

８月８日　陸奥国伊達郡阿賀津志山（２９８ｍ　福島県伊達郡国見町）の戦

泰衡側は、国衡を総大将に頂き、山腹に３．２㎞の防塁（空堀２本、高さ２ｍの土塁３本）構築、２万騎で迎撃。３日間激戦。８月10日　国衡敗走、戦死。

多賀城に居た泰衡は陸奥奥地へ逃走。頼朝は、８月22日　平泉の泰衡邸に入り、更に、北上、志波郡陣岡、岩手郡厨川まで軍を進めた。厨川は前九年の役で頼朝の先祖頼義が安部貞任を討ち取った場所で、頼朝は前九年の役の故実を踏まえ、自分が源氏の嫡流であることを顕示したものとされる。

泰衡は頼朝に使者を送り、「義経を匿ったのは父秀衡の考えで、父没後は鎌倉殿に従っている。死を免じて遠島、御家人にして欲しい」と許しを乞うが、頼朝は許さなかった。

9月3日　泰衡は、秋田大舘で郎党河田次郎の裏切りにより殺害される（35歳）。頼朝は、泰衡の首を持参した河田を斬罪。泰衡の首は陣岡で晒された。

9月8日　頼朝は朝廷に奥州攻め終了を通知。その後、泰衡追討院宣到着。

②　藤原残党の乱

1189年12月　出羽で平泉藤原残党大河兼任が7千余騎で挙兵。

1190年1月8日　頼朝は足利義兼を追討使とし、千葉常胤、比企能員を派遣、奥州に所領を持つ御家人に発向を命じる。

2月1日　栗原郡一迫《いちはざま》で戦い、兼任敗北、殺害された。

頼朝は葛西清重（検断担当）、伊吹家景（民政担当）を奥州総奉行に任命。奥州は頼朝鎌倉政権の直轄地的存在となった。

③　奥州合戦の持つ意味

奥州藤原氏征討は頼朝の最終戦であった。１１８０年、頼朝が34歳で伊豆で挙兵してから10年で頼朝の覇権は確立された。平氏、木曾義仲追討は義経、範頼が兵を率いて戦っており、頼朝自らが出陣して戦ったのは、挙兵時の戦と奥州藤原氏征討である。奥州藤原氏との戦では、配下の全ての武士に動員をかけ、頼朝自らが大軍を率いて戦った。それは頼朝を頂点とする武士政権、頼朝支配体制確立を示す意味を持った。

7　頼朝政権の確立―頼朝上洛、征夷大将軍任官、曽我兄弟仇討事件

頼朝上洛、後白河没

①　頼朝上洛

・１１８９年12月25日　頼朝は後白河から上洛を命じられる。
１１９０年　頼朝上洛。伊豆に流されてから30年、挙兵後10年の上洛であった。
10月３日　頼朝は千騎を率いて鎌倉出立。和田義盛、畠山重忠、梶原景時、千葉常胤などが随行。11月７日　入京。
11月９日　頼朝は、後白河上皇、後鳥羽天皇に拝謁。権大納言に補任。11月24日　右近

衛大将補任。12月3日　両職辞任。

12月4日　京都発、12月29日　鎌倉着。

後白河と頼朝の会談は8回に及んだ。上洛と2職の補任は鎌倉政権と朝廷の和解成立であり、戦時体制から平時体制への移行（公武落居）を意味するものであった。この時、後白河は頼朝に大将軍の地位を与えなかった。後白河の最後の意地であろう。

・1191年1月15日　頼朝は前右大将家を名乗り、政所《まんどころ》吉所始《きっしょはじめ》を行い、将軍家下文《くだしふみ》の使用を始める。

・3月4日　鎌倉大火。北条義時邸、鶴岡八幡若宮焼尽。

焼尽後、都市鎌倉の本格的建設が始まった。出来上がるのは1240年前後とされる。建長寺、円覚寺などの主要寺院建立も13世紀中頃以降である。

②　後白河の死

1192年3月13日　後白河没（66歳）。後鳥羽親政が始まる。

後白河は、即位時には存在感が無く、皇子の二条天皇の時代にも活躍の場はあまりなかった。二条没後、清盛と結んで共栄、清盛と権勢を競うが、武力を持つ清盛に覇権を許さざるを得なかった。清盛没後、頼朝の武力を利用して、義仲、平氏を追討、頼朝と和解した処で没した。頼朝に大将軍を最後まで許さなかった。

後白河は、武士の世到来の時代に生き、清盛、頼朝などの力を利用しつつ自らの権威の維持に腐心した上皇であったが、白河、鳥羽のような上皇独裁の院政を行うことは出来なかった。後白河は策士であったとも、場あたりの行動、小細工を弄し、恣意、無定見、見通しも理念もなかったとも評される。

後白河の遺領は、寵姫丹後局との皇女宣陽門院が継承、長講堂領と呼ばれ、皇室領として歴史に名を残すことになる。

頼朝征夷大将軍任官

1192年7月　頼朝は後鳥羽天皇（13歳）により征夷大将軍に任じられる。

諸国の武士を統率する者として、頼朝は将軍以上の「大将軍」の称号を求めたが、「征夷大将軍」補任を求めてはいない。大将軍の中で征夷大将軍を選んだのは朝廷で、征夷に特別の意味は無かった。

8月9日　三男千幡（実朝）誕生。

富士の巻狩と曽我兄弟仇討事件

1193年3月以降、頼朝は、信濃国と上野国の国境の三原野《みはらの》、下野国と陸奥国の国境の那須野、駿河国の富士の裾野で大規模な巻狩《まきがり》を催した（富士の巻狩と総称）。前2つが凡そ2カ月、富士の裾野は5月8日から6月7日にわたった。

源家の威光、頼朝（47歳）の武家の頭領としての威光を東国武士に示すと共に、頼家が後継者であることを示す意味もあった。

5月28日　曽我十郎祐成《すけなり》、五郎時致《ときむね》の、所謂、曽我兄弟仇討事件が起こる。

①　事件の背景

工藤祐弥が若死。祐弥には3人の息子（祐経、祐茂、祐兼）があったが幼かったため、祐弥は甥の伊東祐親に息子達の後見を頼み、祐経が15歳になったら元服させ、所領を返してやって欲しいと頼んだ。祐経が15歳になると、祐親が烏帽子親となって元服させ、自分の娘と娶せ、上洛、平重盛とも面会させた。7年後、祐経の母親が亡くなる時に、母は祐経に「工藤の領地は、貴方が成人するまで祐親に預けてあるので、早く返して貰いなさい。埒が明かなければ重盛に裁定して貰いなさい」と伝えた。祐経は重盛に訴えたが、満足のいく解決とはならなかった。不満な祐経は祐親を討とうとしたが、頼朝が仲に入って納めた。その後、祐親が嫁にやった娘を取り返す動きをしたため祐経が怒り、祐親の命を狙っていた処、1176年　伊東の奥野で祐親が参加する狩があり、その機会を捉えて祐経が祐親を弓で射たが、祐親に当たらず、祐親の息子の河津祐泰に当たり死亡。祐泰の妻は、その後、曽我祐信に再嫁。父祐泰の殺害を恨んだ祐泰の息子兄弟（曽我氏）が父の仇工藤祐経を討とうとして事件が起こった（栗林浩氏）。

②　曽我兄弟仇討事件

５月28日深夜、豪雨の中で五郎時到が祐経を討った。その後、祖父伊東祐親の仇（１１８０年　頼朝に敗れて自害）として頼朝を討とうとして頼朝の幕舎に進み、頼朝が太刀を持ち、身構える事態となった。時到は頼朝を討ち果たすことは出来ず、大友能直《よしなお》に捕らえられ処刑、十郎祐成は仁田兄弟に殺されたが、祐成は北条時政を狙った可能性があるとされる。

③　事件の真相

事件の真相を巡って様々な見解がある。

・五郎が頼朝、十郎が時政の命を狙った事件で、北条氏に対する相模武士団の不満によるとの見解。

・曽我兄弟の保護者は時政、事件の起こった駿河守護は時政であり、時政が兄弟に頼朝殺害を唆したとする見解。

・事件当日、鎌倉に居た範頼が、頼朝が襲われたと聞いて、政子に「自分が健在だから何事も大丈夫」と発言。その発言は範頼が天下を手に入れる下心の現れとして、反逆の嫌疑で頼朝の尋問を受け、起請文を書いたが許されず、伊豆へ送られており、範頼が家督を奪うために仕掛けたものと見る見解。

・範頼は頼朝に忠実で、御家人達にも人望があり、頼朝没後、頼家政権となれば頼家を支える重要人物になる（範頼の正室は、比企尼の娘の丹後内侍と安達盛長の娘で、頼家に近い）と予測された。政子は頼家を実子ながら比企氏を外戚とする北条氏にとっては疎ましい存在と見ており、頼家派の範頼を除くため、範頼の発言を聞いた政子がこれを悪用、範頼を反逆者に仕立て上げ、排除したと見る見解。

（範頼は修善寺に送られ、梶原景時により、長男と共に殺害された（40歳）。次、三男は助命され、出家。範頼は比企里に逃れ64歳まで生きたとの伝承もある）。

・曽我兄弟事件と並行して、常陸国御家人の粛清、範頼失脚、大庭景能・岡崎義実など老臣出家といった事件が起きている。幕府の戦時体制から平時体制への移行に伴う御家人の諸不満、若年で実戦経験のない頼家の政権継承に対する御家人の不満、範頼周辺の不満があり、頼朝が仇討事件を契機にこうした不満分子を一掃したとする見解。

・様々な見解があるが、時政が頼朝謀殺を謀ったと見る見解は、その後の時政の行動からあり得ないことでもないと感じる。

8　頼朝再上洛、後鳥羽登場、頼朝の死

後鳥羽親政の始まり

１１８３年　平氏都落ちの後、後鳥羽即位（４歳）。１１９２年　後白河没で後鳥羽親政となった。

１１９０年　任子《にんし》（後鳥羽の７歳年上、九条兼実の娘）入内、同年　中宮、１１９５年８月　皇女出産。11月　後鳥羽寵愛の在子《ざいし》（源通親（村上源氏嫡流）の養女）が為仁《ためひと》皇子（土御門）出産。

通親は高倉院近臣で平氏に近かったが、平氏西走後、高倉範子（藤原能兼の孫、後鳥羽の乳母、平能円（都落ちした）の妻、能円との娘が在子）と婚姻、在子を養女とし、後鳥羽の後宮に入れた。

頼朝再上洛

１１９５年（建久６年）２月　頼朝は政子、頼家（14歳）を伴い、再上洛。３月４日から６月25日まで在京。

平重衡が焼いた東大寺大仏殿再建供養に施主として出席。後鳥羽も行幸。

主目的は、頼朝の娘の大姫を後鳥羽の後宮に入れることであった。頼朝は、女院別当源通親、後白河皇女宣陽門院（15歳）と後鳥羽の愛妾で皇女の母の丹後局に接近、女院と丹後局に面会、多くの進物献上。3月29日　女院、丹後局と政子対面。頼朝と九条兼実との関係は冷却。

１１９６年（建久７年）の政変

・九条兼実の娘の中宮任子が内裏から退出させられ、関白九条兼実、太政大臣兼房（兼実の弟）、天台座主慈円罷免。前摂政近衛基通（後白河側近）が関白に復帰。政変の首謀者は源通親。政変を頼朝は黙認。頼朝の大姫入内要望と関連した動きであったとされる。

・１１９７年　大姫が亡くなり、入内は実現しなかった。次女乙姫（１１８６年生）入内の話もあったが、乙姫も１１９９年に亡くなり、これも実現しなかった。

大姫は、義仲の平氏追討の頃、人質として鎌倉にあった義仲の嫡男義高と許嫁の関係にあった（大姫6歳）。義仲滅亡、義高は大姫の計らいで鎌倉を脱出するが、１１８４年入間川河原で討たれ、以降、大姫はショックで鬱状態にあったとも言われる。

後鳥羽譲位、院政開始

・１１９８年（建久９年）　後鳥羽（19歳）は為仁親王（４歳）に譲位、為仁即位して土御門天皇。後鳥羽院政開始。正２位大納言源通親は天皇の外戚となった。

・１２００年　後鳥羽は守成親王（後鳥羽寵姫重子の子、１１９７年生）を皇太弟とする。重子の父は高倉範季（藤原能兼の子）、母は平教盛の娘で１１８２年生。従姉妹藤原兼子の養女となり、二条局として後鳥羽に仕え、１１９７年　守成親王誕生（１２００年雅成親王、１２０４年　寛成親王誕生）。修明院として承久の乱まで後鳥羽と同居した寵姫。

・通親との密通の噂で在子が内裏退去。１２０２年　通親没（54歳）。名実ともに後鳥羽院政となる。

頼朝の死

・１１９９年（建久10年）１月13日　頼朝没（53歳）。

前年、稲毛重成が亡妻（北条時政の娘、政子の妹）の追福のため相模川に橋を新造。頼朝はその供養に出席、12月27日　帰路で落馬、それが因で亡くなった。落馬の因が脳溢血などの急病によるものか、何者かによる襲撃によるものか、自然死か、謀殺か不明である。

頼朝は京の親幕府派の公卿に「今年（建久10年）こそ、心静かに上洛して、よろずのこと沙汰すべし」と書き送っている。頼朝の意図は何にあったのか。

・吾妻鑑は幕府関係者（編者は金沢北条氏説が有力　北条家の視点での史書とされる）による史書（1180年以仁王令旨から1266年の将軍宗尊親王の京都送還迄記述）であるが、頼朝没前3年（建久7—9年）の記述を欠いている。何らかの意図によるものか、偶然の脱落か不明。なお、現存の吾妻鑑には全部で12年の欠落があり、記事の重複、年の誤りなど正確さを欠く処もある。

9　鎌倉幕府

鎌倉幕府の成立時期

鎌倉幕府の成立時期を何時と見るか。1180年の頼朝の鎌倉入りから1192年の征夷大将軍就任までのいずれかの時点となるが、様々な見解がある。

・1180年（治承4年）12月12日　頼朝が鎌倉を本拠地とし、御家人と御恩と奉公の関係を樹立した時点。

・1183年（寿永2年）10月　後白河宣旨で朝廷が頼朝に東海、東山道支配を認めた時点。
・１１８５年（文治１年）　後白河が頼朝に守護・地頭設置を認めた時点。
・１１９０年（建久１年）　頼朝の右近衛大将補任の時点。
・１１９２年（建久３年）　頼朝の征夷大将軍補任の時点。

鎌倉幕府の組織

紛争解決の武士の流儀は闘争（殺し合い）であった。頼朝はこうした行動を基本とする武士を統治、支配する組織を整備していった。

・１１８０年11月17日　侍所設置。和田義盛を別当（長官）とする。最も早く設けられ、御家人の管理、統括と軍事を所管。やがて、守護を通じて治安・警察業務、刑事事件の審理なども担当。義盛失脚後、北条義時就任。以降、代々、得宗（北条家当主）が就任。

・宿老と称された上総介、小山、千葉、三浦氏の頭領は、軍事活動について頼朝から意見を徴された。

・１１８４年９月　公文所設置。大江（中原）広元を別当とする。行財政所管。１１９１年１月　頼朝の公卿昇任に伴い、政所に改組され、将軍直轄領の管理、将軍家の財政を始めとする家政全般、鎌倉市政、御家人の所領安堵など担当。

・1191年10月　問注所設置。三善康信を執事とする。訴訟審理所管。訴訟は頼朝親裁が基本で、問注所は訴訟の準備を担当。

頼朝の西国対応

頼朝は東国御家人を掌握、鎌倉幕府を創立した。西国武士と鎌倉幕府の関係は希薄で、朝廷の影響力が強かった。後白河没後、頼朝の関心は、西国支配を強化、全国的な将軍権力を確立することにあり、守護を通じて西国武士を支配下に置こうとした。

建久年間（1190―99年）、西国武士に対し、改めて、頼朝の御家人となるか、他者の従者（非御家人　本所一円《ほんじょいちえん》地《ち》住人《じゅうにん》）となるかを迫っている。

10　頼朝を巡る人間模様

頼朝独裁

・鎌倉幕府は、頼朝が一代で築き上げた政権で、頼朝があって御家人が結束、戦に勝ち抜き、政権が樹立された。頼朝は自分を頂点とするピラミッド型組織を創ろうとした。頼朝の権力の源泉は、所領安堵権と理非成敗権（裁判権）。頼朝親政、訴訟は御前対決、頼朝親裁が基本、鎌倉幕府政権は、頼朝のカリスマによる頼朝独裁、専制政権であった。
・鎌倉幕府は３類型の勢力で構成された。
ⅰ　頼朝挙兵と共に戦った東国武士団（三浦、和田、千葉、比企、畠山氏など）。
ⅱ　頼朝の正妻政子、舅の北条時政を始めとする北条氏。
ⅲ　大江広元、三善康信などの京都からの下向文官勢力。
これらの諸勢力の間に、また、東国武士の間に様々な対立が存在したが、頼朝が頂点にあることで鎌倉政権は纏まっていた。
・頼朝旗下には源氏一門として、行家、範頼、義経、全成、平賀義信・大内惟義父子、甲斐源氏の武田・安田、足利義兼などがあった。
義経は頼朝の意向に従わず滅ぼされた。範頼は、より慎重であったが、最後に、頼朝の意に反したと取られ、滅ぼされた。甲斐源氏は駿河、遠江を実力で占領、安田義定は義仲に呼応して上洛軍を進めるなど自己の判断で動き、頼朝に滅ぼされた。行家は頼朝に離反、滅ぼされた。

残ったのは、全成（実朝の乳母夫）、平賀義信（頼家の乳母夫）、足利義兼、大内惟義であったが、足利氏を除き、次世代には滅んでいる。

頼朝と北条氏

・北条時政は頼朝の舅ではあるが、9歳年上に過ぎない。頼朝は、時政を守護地頭設置の使者として京都に派遣した以外は重用しておらず、時政に全幅の信頼を置いていなかったのではないかと思われる。

頼朝の正室政子、政子の弟の義時は時政の先妻の子であり、2人と時政の後妻の牧の方との関係は疎遠、時政と政子・義時の関係も良いものとは言えなかった。

・頼朝は、嫡男頼家の乳母に河越重頼に嫁いでいた比企尼の娘を、乳母夫には比企尼の甥の比企能員と源氏一門の平賀義信を任じ、頼家の扶育に当たらせ、比企能員の娘を頼家の妻とし、頼家の周囲を比企氏一族で固めた。一方、実朝の乳母は政子の妹の阿波局、乳母夫は頼朝の異母弟全成を任じた。そして、比企朝宗の娘を北条義時に嫁がせている（2人の間に生まれたのが朝時）。

頼朝は、流人時代から関係のある比企氏と北条氏に源家を支えて欲しいと願ったのであろうが、頼朝没後、願に反して、比企、北条が争い、頼家滅亡を生むこととなった。

・当時、女は実家の者という意識であり、政子や時政にとって、頼朝は入婿の感覚であった。一般的に妻の地位は高く、家政（所領内の成敗、家中の雑事）は大幅に妻の裁量に任されていた。また、当時の武士は、常時、死と向き合う存在で、死は現実に多発しており、夫の死後の妻の再婚は、ごく普通の事と見られ、再婚に対する偏見は無かった。

11　頼朝の評価

頼朝の生涯

・頼朝は、１１４７年に生まれ１１９９年没、53年の生涯であった。

その生涯は３期に分れる。１１５９年の平治の乱までの幼少期の武家貴族としての10年余の時代、平氏に敗れてから１１８０年まで20年の伊豆流人の時代、１１８０年の挙兵、平氏、義仲、義経、奥州藤原氏を倒し、後鳥羽天皇から征夷大将軍に任じられ、没するまでの鎌倉幕府創設の20年の時代である。挙兵後５年で平氏を滅ぼし、10年で東国支配を完成させている。急速な時勢を感じる。

・源氏嫡流という武家の貴種の生まれで、本人に武家の頭領としての才覚があったことは間違いないが、清盛、秀衡という前時代の英傑が没した時期に巡り合わせたことも成功の因であったと思う。

・徳川家康は頼朝を武士政権の手本としたと伝えられるが、頼朝は、まさに、武士政権の創始者であった。

頼朝の卓見

・頼朝は、清盛が朝廷の制度、組織の上に、武力で君臨、政権を運営した方法とは異なり、朝廷の外に独自の政権を創った。それも京都ではなく、遠くはなれた鎌倉を拠点とした。頼朝の勢力基盤が坂東にあり、坂東を離れる訳にはいかなかった事情はあったが、古い権威に満ちた京都を離れたのは賢明な選択であった。

戦を支えた武士達と頼朝の間に、御恩と奉公で結びつく御家人組織を組成、武士統治の基本に据え幕府を構成した。これは、その後の武士政権の基礎となった。頼朝が、幕府政治、武士政権の創始者、中世武士社会の魁とされる所以である。

・頼朝が自ら戦斗を戦ったのは、挙兵時の初戦と奥州藤原氏征討の最終戦のみである。義仲、平氏追討の多くの戦は弟の範頼、義経に命じ、自らは背後にあって指揮、督戦、御家人達には恩賞目当てに奮闘させている。頼朝は、武士の頭領として人使いの要諦を心得ていた。大将軍の器であったと言えよう。一方、頼朝は、自らの地位を狙う者として、自分の直系以外の血族を粛清する非情さを持っていた。

・鎌倉幕府は、頼朝の子息の頼家、実朝はいずれも非業の死を遂げ、頼朝直系の将軍は3代で絶える。九条関白家、天皇家から後継将軍を迎え、政治の実権は政子の子孫の北条家が担う体制となっていく。それに合わせて、幕府創設時に活躍した武将の家は北条氏に粛清されていった。泉下で、頼朝はこうした成り行きをどう思ったであろうか。

第5章

頼家、実朝の時代——源氏将軍3代で終わる

1　頼家の時代

源頼家の2代将軍承継

・1199年1月26日　頼家家督承継（18歳）。

頼家は、頼朝、政子の嫡男として、頼朝挙兵の翌年の1181年出生。

頼朝は自分の後継者として、早くから御家人達、朝廷にも披露。頼家は弓馬に優れた武人に成長した。乳母は比企尼の娘、乳母夫は比企尼の甥の比企能員、妻は能員の娘の若狭局、2人の間には嫡男一幡丸が生まれており、頼家の時代となれば、比企氏が外戚として力を持つことが予測された。梶原景時の妻も頼家の乳母であった。

北条時政、政子は、比企氏の勢力増大を懸念。実朝（千幡《せんまん》）の許に、時政、政子、阿野全成、三浦義村（義村の娘が北条義時に嫁ぎ、義時の娘が義村の嫡子泰村に嫁いでいる）などが集まり、梶原景時はこうした北条氏の動きに懸念を持ったとされる。

・家督は継いだが、頼家は若年、実戦経験は無く、御家人間の対立調停には経験不足で、御家人からの信頼は十分とは言えなかった。頼家は、家督継承間もなくから性急に動き、宿老達との対立を招く。

1199年4月12日　頼家の家督承継間もなく、政務は13人の宿老（北条時政、義時、大江広元、三善康信、三浦義澄、和田義盛、比企能員、安達盛長、梶原景時、中原親能、八田知家、足立遠元、二階堂行政）による合議制を取ることとなる。

政子が、頼家親裁を制限し、また、頼家の近侍が政務に嘴を入れることを止め、頼家執政に制約をかけるためであったとも、未熟な頼家を支えるためであったともされる。

13人のうち数名が合議、それに基づいて頼家が最終判断を行ったと見られ、13人が一堂に会して合議を行った例は確認されていない。

・4月20日　頼家の命で、梶原景時、中原仲業《なかなり》を奉行とし、比企宗員《むねかず》、時員《ときかず》、小笠原長経《ながつね》、中野能成《よしなり》が鎌倉で狼藉をしても訴えてはならない旨の通達が政所に伝えられ、宿老達との間に軋轢が生じる。

・5月　大地震。6月　妹の乙姫没。

梶原景時の族滅

・景時は侍所所司（次官）を勤め、頼朝に重用された人物であったが、頼朝の諜報役でもあり、御家人から怨みも買っていた。景時は将軍家への忠誠心は深かったが、頼家は景時を使いきれなかった。

・頼朝没後、結城朝光が侍所で、同僚達に頼朝の冥福を祈る念仏を勧め、「忠臣二君に仕えず」と述べたのを梶原景時が聞き、「朝光に頼家への謀反の嫌疑あり」と頼家に告げた。北条氏をバックにした実朝擁立の動きを告げたともされている。

これを聞きつけた女官阿波局（政子の妹、実朝の乳母、全成の妻）が、朝光に「貴方が殺される」と告げた。阿波局の夫全成の指示、乃至、政子の意向を受けた動きともされる。

朝光は三浦義村に相談、義村が和田義盛、安達盛長と諮った結果、千葉常胤、胤正、足立遠元、畠山重忠などを加えた66人署名の梶原景時弾劾状が、大江広元を通じて、1199年4月28日　頼家に提出された（北条時政、義時の署名は無い）。広元は、これを直ぐには頼家に取り次がなかったが、和田義盛に強く催促され、11月11日　頼家に取り次ぐ。11月13日　頼家は景時に弁明を求めるが、景時は弁明せず、相模の所領（神奈川県寒川町）へ引き上げ、12月　鎌倉追放処分となった。これで、景時は、頼家が自分を見限ったと感じたとされる。

1200年1月20日　景時は、一族33人を率いて上洛しようとしたが、駿河清見関（静岡県興津）で討手武士団に遭遇、族滅した。駿河守護は北条時政で、族滅は北条の手によるものとされる。

頼家に見放されたと思った景時は、後鳥羽の命をバックに、頼家の代わりに甲斐源氏武田有義擁立を考え、上洛を企てたとされる。

九条兼実の「玉葉」では、御家人の間に頼家を倒して実朝擁立を謀る謀略があり、景時はその動きを探り、頼家に報告したが、頼家に信用されず、鎌倉を追われ、族滅したとされる。

景時滅亡後、景時に加担したとして、加藤次景廉、勝木則宗、芝原長保などが捕らえられた。武田有義は逐電。

・1200年　頼家は頼朝が宿老に与えた御恩を査定、過大と見たものを召し上げようとして宿老と対立。鷹狩、蹴鞠に耽溺。

・1201年2月　城長茂が関東追討院宣を後鳥羽に要請。勅許は下りず、逐電、吉野で討たれた。城氏は越後の豪族、源平戦で平氏側につき、平氏滅亡後、梶原景時の助力で御家人となり、奥州藤原氏征討にも参加した人物であった。梶原景時勢力は一掃されたことになる。

・1202年7月23日　頼家、征夷大将軍任官。

阿野全成粛清

1203年5月19日　頼朝の異母弟の阿野全成（北条時政の女婿、阿波局の夫）が、比企氏を倒し、千幡（実朝）を将軍につけようと謀った謀反の嫌疑で捕らえられ、常陸、次いで、上野に流刑、6月21日　誅殺された（51歳）。5月20日　阿波局捕縛も企てられたが、政子の弁明で逃れた。7月16日　全成の息子の頼全《らいぜん》も京都で殺された。梶原景時事件への頼家、比企氏の報復と見られている。

北条時政が千幡の乳母夫となる。

比企氏族滅、頼家滅亡

・1203年7月20日　頼家、急病、重態。

8月27日　将軍家家督継承につき評定。比企能員は一幡の日本国惣守護職承継を認めさせた。北条時政は千幡の譲与所領を求め、千幡に関西38国の総地頭職、一幡に関東28国総地頭職の譲与を決めた。

9月2日　比企能員が頼家の病床で北条討伐を相談。政子が隣室に居てこれを知り、時政に急報。時政は能員暗殺を決意、自邸（名越邸）に能員を招く。能員は「時政に暗殺される」との周囲の心配を抑えてこれに応じるが、時政は訪れた能員を殺害。能員を殺された比企一族は、一幡丸を擁して小御所に立て籠る。政子が比企氏追討を命じ、北条義時、泰時、畠山重忠、三浦義村、和田義盛などが、これに応じて比企氏を攻め、比企氏族滅。一幡も義時に捕らえられ、殺された。北条時政によるクーデターであった。政子による策謀との見方もある。
・頼家は比企氏族滅を知り、和田義盛、仁田忠常（一幡丸の乳母夫）に時政追討を命じる。義盛は頼家の命に従わず、時政に通報。忠常は殺害され、頼家の命運は尽きた。
9月7日　頼家出家、9月29日　伊豆修善寺に幽閉され、翌年7月18日　同地で殺害された（23歳）。愚管抄には入浴中に襲われ、殺害されたとある。首に紐を巻き、陰嚢を潰し、殺害したと記述される。
・頼家には4男1女があった。長男一幡は既述のように北条義時に殺害された。次男善哉（公暁）は1219年に実朝を暗殺、自らは殺害された。3男栄実《えいじつ》（頼家と法橋昌実の娘との子）は反北条勢力に擁立されて14歳で自害、4男禅暁（栄実の同母弟）は九条家から将軍を迎えるに当たり粛清さている。娘の竹御前（頼家と木曾義仲の娘との子）も若くして亡くなった。

2　実朝の時代

実朝家督承継

実朝は、頼朝、政子の次男として、1192年8月9日　誕生。幼名千幡、乳母は政子の妹の阿波局、乳母夫は全成、阿波局夫妻に育てられた。頼家の10歳下、大姫の15歳下、乙姫の7歳下の末子。

1203年9月7日　家督継承、源実朝（後鳥羽が命名）を名乗る。従5位下、征夷大将軍補任（12歳）。

北条時政が大江広元と並んで政所別当に就任。幕府の意思決定は時政邸（名越邸）で行われ、時政専制となる。

10月3日　平賀朝雅（信濃源氏、新羅三郎義光の子孫）が京都守護となり上洛、朝雅に代わって時政が武蔵守に着く。

1204年3月　三日平氏の乱　かつての平氏の本拠地伊勢、伊賀で平氏残党蜂起。平賀朝雅が鎮圧。

11月　実朝は、京都の後鳥羽近臣坊門信清の娘（後鳥羽の寵姫西御方（坊門局）と姉妹、信清の姉の七条院は後鳥羽の母）を御台所に迎え、後鳥羽と縁戚関係となった。政子は下野の足利義兼の娘を実朝の妻に迎えようと考えており、この婚姻は政子の思惑に反するものであったとされる。

関東申次に西園寺公経（頼朝の妹婿の一条能保の娘婿）と坊門信清が就任。

畠山重忠族滅

・畠山重忠は武蔵国惣検校で、武蔵国に地盤を持ち、時政の先妻の娘婿、頼朝の重臣で、文武、音曲に通じた武士であった。

武蔵国は、知行国主は将軍家、国守が平賀義信、次いで朝雅、次が北条時政、惣検校（国衙在庁官人のトップ）は河越重頼（義経は娘婿）失脚で畠山重忠となっていた。

・1204年11月　実朝の室に坊門信清の娘を京から迎える使者の一人として重忠の息子の重保《しげやす》が上洛したが、京で京都守護平賀朝雅と口論になり、朝雅が重保に不快感を持ち、時政に重保を讒言したのが畠山覆滅の切っ掛けとされる。三浦義村（義澄の嫡男、義明の孫）は、祖父義明を石橋山合戦後に畠山重忠等に討たれた遺恨から畠山覆滅に積極的に加わった。

1205年6月20日　稲毛重成（妻は時政の娘）の招きで重保が鎌倉へ。

6月21日　時政が重忠・重保父子討伐を息子の義時、時房に諮るが、2人は重忠の幕府への貢献、忠誠から反対。

6月22日　時政は重忠に謀反ありとして、三浦義村が重保を鎌倉由比ガ浜で殺害。時政は、義時、時房に重忠討伐を命じる。2人は拒むが、重ねて命じられ、やむなく出陣したとされる。武蔵国二股川で134騎の重忠（42歳）を襲撃。重忠は身の潔白を示すため、旅装のままで対応。重忠は殺害され、一族も運命を共にした。重忠が謀反を起こしたのであれば、このような小人数でいる筈はなく、重忠の滅亡は無実を示していると義時等も感じたという。

北条時政失脚

1205年閏7月19日　時政と妻の牧の方が、「実朝殺害、娘婿平賀朝雅将軍」を目論んでいるとの風聞が流れ、政子は三浦義村、結城朝光を派遣、時政邸に居た実朝を迎え取った。時政（68歳）は出家、伊豆北条へ隠居。

政子、義時にとっては、実朝殺害は論外、畠山族滅も賛同しがたい動きであり、時政は孤立していた。

7月20日　義時執権就任。在京御家人に平賀朝雅討伐を命じ、7月26日　朝雅は討ち取られた。以降、時政は政治の第一線に現れることは無く、1215年没（78歳）。

北条義時登場

・政子が将軍実朝の実母として将軍を後見、義時が政務を主導する体制となった。義時は頼朝に近侍、信頼を得、平氏追討の西国遠征にも参加しており、御家人の支持もあった。

義時は北条領内の江間の領主として江間小四郎を名乗っていた。時政の嫡男ではない。嫡男宗時は頼朝旗揚げの石橋山合戦で戦死。時政は後妻の牧の方との間に生まれた政範を嫡男とするが夭折（16歳）。その後、義時の次男朝時《ともとき》に目をかけ、時政の邸（名越邸）を承継させている（朝時は名越《なごえ》氏の祖）。こうした経緯から、義時は時政に含む処があり、北条氏父子関係は良くなかった。後年、名越北条氏は義時の北条宗家に対抗姿勢をとり、北条氏内部紛争の因となっていく。

義時の子の泰時、朝時（名越）、重時（極楽寺）の３兄弟はいずれも出色の人物とされる。義時の室は比企朝宗の娘で１２０３年の比企氏滅亡の際に離別している。

・１２０８年　実朝、疱瘡を患う。

１２０９年　実朝（18歳）、従3位下。後鳥羽を手本として政所を基盤に親裁権を行使し始める。実朝は、北条氏専横に不満を持つ和田義盛（頼朝と同年）を重用。北条氏への権力集中に対する反発が和田義盛を中心に勢力を形成、義時に対抗するようになる。

和田氏族滅

・和田氏は三浦氏一族。和田義盛は初代侍所別当を務め、当時（67歳）、幕府内で、北条義時、大江広元に次ぐ序列にあり、実朝とも良好な関係で、反北条の中心的存在であった。

三浦氏は頼朝挙兵の初戦で族長の義明を失い、和田、佐原など庶家の自立が顕著で、三浦義澄の時代には和田義盛が全盛となっていた。義盛より20歳程若い義澄の子の三浦義村、胤義《たねよし》兄弟は義盛の隆盛が不満で、和田、三浦氏の間に隙間が生じていた。北条義時は、三浦、和田の不和も利用して、和田義盛一族の族滅を図る。

・1213年2月16日　信濃国の泉小次郎親平が頼家の遺児栄実（千手《せんじゅ》）を擁して、北条義時打倒を企てたが、動きを捕捉され、多数が捕縛、栄実は自害。捕らえられた首謀者の中に、和田義盛の息子の義直、義重、甥の胤長《たねなが》が含まれていた。
知らせを聞いた義盛は、3月8日　上総から駆け付け、実朝に願い、息子2人は赦免された。義盛は、3月9日　将軍御所に参上、甥の胤長の赦免を願ったが、義時は胤長を縛り上げて、その場に連行。3月17日　胤長は陸奥配流。3月25日　胤長の鎌倉の屋敷は義盛に与えられた（闕所地は一族が賜るのが先例）。しかし、4月2日　改めて義時に与えられる。義盛への挑発である。義盛は義時の挑発に立ち上がる。

・義盛は、実朝を自陣に据えて、三浦一族と共に義時打倒の戦略であった。
5月2日　義盛は150騎を3手に分け、将軍御所、義時邸を襲撃するが、三浦兄弟が裏切り、実朝は御所脱出、義盛は実朝確保に失敗。御所炎上。3日夕刻まで鎌倉市街戦となった。

御所を脱出した実朝は御教書発出、御家人に義時方に参戦を命じたことで勝敗は決し、和田氏は由比ガ浜で族滅した。この戦で、和田一族に加え、武蔵横山党、相模の土屋、山内、渋谷、毛利など南関東を中心に多くの和田派の武士団が滅亡、没落した。

実朝は、和田残党が西方に逃れての反乱、京都騒擾を怖れ、５月３日　御教書を京都に送り、院御所守護、洛中警備、和田残党が京に潜入したら討ち取ることを命じる。

戦を征した義時は義盛の勤めていた侍所別当に就任、政所別当と兼務。

・５月21日　鎌倉大地震。

・実朝は１２０５年頃から和歌を学び始め、１２１３年には金槐集を編纂している。その中の「山は裂け海は荒れなん世なりとも、君に二心われあらめやも」の一首は、公武合体を表明したものとされるが、和田合戦後、和田残党による危害が後鳥羽に及ぶことを危惧したものとの見方もある。１２１５年　後鳥羽は歌合せ一巻を実朝に贈っている。

実朝親政、実朝と後鳥羽

・１２１６年６月　後鳥羽は実朝を権中納言に補任、実朝は親裁に力を入れる。

・同月　東大寺大仏再建を担った宋人技師陳和卿《ちんわけい》が鎌倉に下向、実朝に謁見。実朝は、前世、中国医王山の長老、自分はその門弟であったと語った。これを聞いた実朝は、「医王山へ行くための大船建造、随行60余名を定めよ」と命じ、奉行に結城朝光を任じ、義時、広元が反対しても聞かなかった。翌年4月　大船は由比ガ浜での進水に失敗、実朝の渡宋計画は頓挫。

・実朝は正室との間に子が出来ず、側室を持とうともしなかった。自分に子が出来ないことを覚っていたとされる。源氏の嫡流は自分で終わると考え、後継は朝廷から親王（後鳥羽の皇子）を迎えて将軍とし、自分は将軍職をはなれ、親王将軍を後見すること（幕府版院政）を考えていた。後鳥羽は、この動きを歓迎、実朝を通じて幕府を制御、日本全土に君臨することを考えた。

1218年1月　実朝、権大納言、3月　左近衛大将、10月　内大臣、12月　右大臣昇任。

1218年　政子と北条時房が、実朝の意向で上洛（熊野詣の名目）。卿2位高倉兼子と交渉。冷泉宮頼仁《よりひと》親王（実朝正室の姉妹坊門局が生んだ後鳥羽の皇子、実朝の甥）か、六条宮雅成《まさなり》親王（重子の生んだ後鳥羽の皇子、順徳の同母弟）の何れかを鎌倉に下すことで内々合意（後鳥羽も了承したと見られている）。

実朝に実子は無いが、源家には将軍継承可能な源氏一族が残っていた中で、実朝の意を受けたとはいえ政子、義時は源氏将軍断絶に動いたことになる。

実朝暗殺

・頼家の遺児善哉（公暁　１２００年生　三浦義村が乳母夫）は、頼家没後、政子の計で出家。１２０５年　鶴岡八幡別当尊暁の弟子、翌年、実朝の猶子となり、１２１１年　登壇受戒のため上洛、園城寺に入り、１２１７年　鎌倉に戻って鶴岡八幡別当となっていた。

鎌倉八幡には北条を頼って投降、助命された、かなりの数の平氏の武士が住んでおり、公暁と関わりを持ったとされる。

・１２１９年1月27日夜　実朝は、鶴岡八幡宮で右大臣拝賀の式に臨む。当日は雪。式典には、源仲章（文章博士、実朝の学問の師、実朝と朝廷との橋渡し役）と京からの公卿数名のみが立ち会った。厳重警戒のない式典を公暁とその仲間３人が襲撃。実朝（28歳）、仲章は即死。公暁数人負傷。

暗殺者は義時殺害も狙い、義時と誤って仲章を殺したともされている。

義時は、実朝から中門に留まれと命じられ現場には居なかった、気分が優れず館に戻っていたともされる。三浦義村は式典行列には参加していない。

実朝には予知能力があり、暗殺を予知していたが、避けなかったとも言われる。

公暁は親の仇と言って実朝の首を討ち、自分が次の将軍であると宣言、実朝の首を以て三浦義村の処へ向かう。義村は、状況を義時に知らせ、公暁を家人に討たせた。義村が弓で射たともされる。

・実朝暗殺については、様々な見方がある。

i　実朝が京の後鳥羽に靡いていたことに北条義時が危機感を持ち、実朝を暗殺。

ii　公暁の乳母夫三浦義村が、公暁を擁して実朝・義時を討つことを狙ったが、義時は儀式に同席せず難を免れたことから公暁を裏切り、身を護った。

iii　義時と義村が結託、実朝と仲章を除き、源家を倒して皇室から後継将軍を迎えようとした。

iv　公暁は自分が将軍になるべきと考えていた。親王将軍が決まれば自分の将軍への途は閉ざされると考え、実朝を殺害した。

当時、義時に実朝殺害排除の緊要性があったか、義村に実朝・義時排除、公暁擁立の緊要性があったか、いずれも疑問である。

公暁単独の思いによる犯行、義時・義村による公暁抹殺の見方が納得出来る。

実朝後継

・２月11日　阿野時元（全成と阿波局の子　実朝の従兄弟）が駿河国阿野郡の山中に城郭を構え、宣旨を賜って東国支配を企てたが、政子の命で討伐。２月22日　時元自害。
・２月13日　政子は、二階堂行光を上洛させ、実朝後継に頼仁親王か、雅成親王を鎌倉に迎えることを求めたが、後鳥羽は了承を与えなかった。
　２月14日　義時の義弟伊賀光季が京都守護として上洛。
・後鳥羽は実朝への弔問使として、側近の内蔵頭《くらのかみ》藤原忠綱を鎌倉へ派遣、３月９日　政子邸弔問。頼朝、頼家没の際には派遣されておらず、後鳥羽の実朝への特別の配慮であった。弔問後、忠綱は、義時邸で、後鳥羽の寵姫亀菊（伊賀局）に与えた荘園（摂津国長江・倉橋）が御家人地頭の横暴に困っているとして地頭改補を求め、義時は帰洛する忠綱に追って回答と伝えた。
・３月15日　北条時房が政子の名代として千騎を率いて上洛。京で地頭改補要求拒絶、親王の鎌倉下向を要請。親王下向についての後鳥羽の回答は、親王下向は不可だが、摂関の子なら可とするものであった。後鳥羽は、京と鎌倉に天皇家が分裂する可能性を危惧したためとされる。九条道家の三男の三寅（２歳　頼経）を鎌倉に下向させることで後継問題は落着した。

九条道家（1193―1252年）の父は九条良経、母は一条能保（頼朝の妹婿）の娘。

1209年　道家と西園寺公経の娘との間に生まれたのが三寅で、三寅は遠いが源家の血縁であること、摂関家の出という貴種、順徳の中宮立子は九条良経の娘で2人の間に生まれた皇子懐成親王（仲恭）が即位すれば三寅は天皇家とも繋がる。こうしたことを踏まえ、後鳥羽は九条家の子を将軍にたてることで後鳥羽王家に将軍を取り込むことを目論んだともされる（曽我部愛氏）。

6月25日　北条時房、泰時、三浦義村など迎えの武士と共に、三寅、京都発、7月19日鎌倉着。政子が三寅丸の後見となる。

政子は、頼家の娘の竹御所《たけのごしょ》を祭祀承継者とする（1230年　竹御所（28歳）と将軍頼経（13歳　三寅）婚姻、1234年　竹御所は男子死産、自らも死去。頼朝直系の子孫は絶えた）。

・4月15日　幕府は、京都仁和寺で、頼家の子の禅暁を公暁に加担したとして誅殺。

7月　源三位頼政の孫の源頼茂《よりもち》（大内裏警護役）が、「自分こそ将軍になるべき者である」と宣言。後鳥羽は頼茂追討の院宣発出。在京の御家人達が頼茂の立てこもる大内裏を襲撃、頼茂敗死。内裏中心部は灰燼に帰した。

後鳥羽は内裏焼失のショックで8月半ばから1か月以上病床に臥す。

頼茂追討は後鳥羽の院宣によるもので、戦闘に参加した在京の武士達は鎌倉の命令は受けていない。この事実は、後鳥羽に自信を与えたとされる。

・九条三寅丸を後継鎌倉将軍に迎えるにあたり、公暁、阿野時元、禅暁、源頼茂など実朝後継の可能性を持つ者は尽く粛清された。政子、義時の意図によるものと考えられる。

第6章

後鳥羽と承久の乱、北条執権政治の確立

1　後鳥羽天皇、上皇

後鳥羽院政の始まり

1183年　後鳥羽即位（4歳）。

1192年　後白河没（13歳）、関白九条兼実が後鳥羽を後見。兼実の娘の任子が中宮に。

1196年　建久の政変で兼実失脚、任子内裏退出。源通親実権。通親養女の在子入内。

1198年1月　後鳥羽譲位（19歳）。在子の皇子為仁が即位して土御門天皇（4歳）。

1200年　高倉範季の娘の寵姫重子の皇子守成（後鳥羽その才気を愛した）を皇太弟（4歳）に。通親失脚、在子内裏退出。

後鳥羽院政が始まった。後鳥羽は、八条院、長講堂領、七条院領など分かれていた皇室領を集積、自らの支配下に置いて経済力を持ち、専制的院政を復活。

1210年　土御門譲位、守成即位して順徳天皇（14歳）。

後鳥羽の活動

・後鳥羽は和歌（1205年　新古今和歌集編纂）、琵琶（秘曲伝授を受けた）、漢詩、蹴鞠（蹴鞠の長者の称号を奉られた）など文芸に優れた才能を示し、また、弓馬を得意とし、太刀の製作までしている。宮廷儀礼を研鑽、世俗浅深秘抄（宮廷儀式の故実書）も纏めている。後鳥羽は、第一級のマルチな才能を持った人物であった。

軍事力充実を目指し、検非違使、衛府の尉、北面の武士に加え、西面の武士を新設、大内惟義《ただよし》（平賀義信の長男、弟が平賀朝雅）など在京の鎌倉御家人登用。後鳥羽自らも狩猟を行い、寺院勢力に対抗姿勢をとるなど将来に備えた演習も行ったとされる。武にも傑出した上皇の下に多くの武士が集まった。

・１２１９年に焼失した内裏再建のため、後鳥羽は一国平均役（一国単位で課す臨時税、課役）を五畿七道に課した。これに対し、国司、領家、地頭は抵抗、拒否。１２２０年造営中止。地頭の激しい抵抗は「鎌倉の義時の指示による」と後鳥羽は考え、義時嫌悪の情を持ったとされる。

・１２２１年4月20日　順徳は懐成《かねなり》親王（４歳）に譲位、懐成即位して仲恭天皇。関白近衛家実辞任、九条道家摂政就任。順徳は後鳥羽院政の許では政治的権力は振るえず、有職故実を研究、「禁秘抄」を著す。土御門は穏和な性格で倒幕には関わらなかったが、順徳は後鳥羽と共に承久の乱への途を歩んだ。

後鳥羽の戦への動き

・後鳥羽は頼家殺害（1204年）、実朝暗殺（1219年）、北条氏による比企（1203年）・畠山（1205年）・和田（1213年）などの有力御家人の族滅などの鎌倉政権内部抗争を鎌倉幕府の弱体化と見たこと、後鳥羽を慕った実朝の暗殺と義時の実権掌握に不快感を持ったこと、幕府の有力御家人三浦氏と延暦寺の僧兵が味方につくと考えたこと（後述）、頼茂追討で焼失した大内裏再建の造内裏役の地頭拒否に立腹、それが義時の指示によるものと考えたことなどが後鳥羽の戦の決意の要素として挙げられる。院の寵愛の白拍子亀菊に与えた摂津国長江、倉橋の地頭が横暴なので地頭停止を命じる宣旨を発したが、義時が「頼朝公の時、恩賞として与えられた地頭職を容易く解任し難い」と拒否したことも一因とされる。

後鳥羽は鎌倉幕府を揺さぶり、内部崩壊させることが狙いで、院政に協力的な人物が鎌倉政権を主導すればよいと考えたが、幕府を潰す考えはなかったともされる。

・後鳥羽は在京の有力御家人三浦胤義を取り込む。胤義を起爆剤に、幕府内で義時排斥の動きを起こすことを狙った。胤義は義村の弟、検非違使として在京。胤時の妻は、婚前に頼家の寵愛を受け、栄実、禅暁を生んでいる。実朝後継は九条三寅丸に決まり、栄実、禅暁は義時の命により殺害された。こうした情況の中で、後鳥羽院近臣藤原秀康が胤義に接近、後鳥羽の乱への加担を求められ、胤義は応諾。兄の義村の引入れも提案した。

２　承久の乱

後鳥羽の初戦と戦略

・１２２１年（承久３年）４月20日　順徳譲位、仲恭即位。

５月14日　幕府への情報漏れを危惧、関東申次西園寺公経（頼朝の妹婿一条能保の娘全子と婚姻）、子の実氏を幽閉。

後鳥羽は城南寺で流鏑馬を催す名目で兵を集め、義時追討挙兵を予定。５月15日　後鳥羽の召に応じない京都守護伊賀光季（義時の妻の兄、実朝没後に派遣）に出頭を要請。光季が召に応じなかったため、三浦胤義、小野成時、佐々木広綱、大内惟信《ただのぶ》（惟義の子）など８００余騎が光季の宿所を襲撃。光季配下は85騎あったが多くが逃亡、残った31騎で奮戦、父（48歳）子（14歳）自害。

・次いで、後鳥羽は、「北条義時追討の院宣」を、鎌倉の武田信光、小笠原長清、小山朝政、宇都宮頼綱、長沼宗政、足利義氏、北条時房、三浦義村の８人に下す。また、北条義時追討の官宣旨（天皇の意向により太政官上卿発出）を諸国の守護、地頭に発出。畿内近国、西国の武士の動員を企図したものであった。院宣と官宣旨を持って、院の下部《しもべ》押松が、5月16日　鎌倉へ向かい京都発。

・後鳥羽の戦略は、義時追討の院宣により幕府内に反義時の動きを起こす。官宣旨により集めた畿内、西国武士の軍で義時と戦う。在京の千騎の軍は京都制圧、本陣防衛に充てる。というものであったと見る（坂井孝一氏）。

鎌倉幕府の対応

・5月15日　三浦胤義から兄の義村宛に義村を後鳥羽方に誘引する書状が出された。襲撃された京都守護伊賀光季、幽閉された関東申次西園寺公経からも事変勃発の使者が鎌倉へ出立。後鳥羽の使の押松を含め4使とも5月19日　鎌倉着。

光季の使者は政子の下へ到着、有力御家人参集。三浦義村は、胤義の書簡を見て、胤義に与せず、北条義時の許へ赴き、押松捕縛を進言。押松捕縛、押松を院宣、官宣旨配布前に押さえた。

・鎌倉幕府は危機に直面した。政子は御家人を集め、後鳥羽が鎌倉幕府を滅ぼそうとしているとして、後鳥羽の「義時追討命令」を「幕府追討命令」に言い換え、御家人達に「幕府草創以来の頼朝の恩義」を説き、「非義」の宣旨により追討を命じられた不当を訴え、

「後鳥羽は地頭を軽んじている、鎌倉幕府前の時代に戻りたいか」と問いかけ、御家人に「京方につくか、鎌倉方につくか」の決断を迫り、名を惜しむ輩に「団結して反撃する」ことを呼びかけた。御家人にとって地頭職が無くなることは生活に直結する問題であり、京方につこうとする者は現れず、大勢は決し、政子、義時は御家人を纏めることに成功。

・義時の侍所の軍議（5月19日）では、重臣達は天皇に刃向かうことには心理的抵抗もあって、負けない程度に戦って話し合いに持ち込みたいとの考えがあり、足柄、箱根の関を固めて京方の来攻を待とうとする論が優勢であった。大江広元が「関を守って日を送れば敗北の因となる。運を天に任せて早く京へ出撃すべし」と主張。政子は「参洛を急ぐ要がある」の意見を述べ、積極策となったが、なお、御家人達に異議があった。５月21日　大江広元が「日をおけば武蔵の武士でも心変わりがあり得る。今夜中に、泰時一人でも京へ発てば東国武士は付いてくる」と主張、三善康信も広元と同様、「大将軍一人でも進発すべき」と意見を述べ、早期出撃が決まった。京下りの2人は武力威嚇に弱い朝廷の動きに通じており、武力先制攻撃が有効と主張、鎌倉の動きは決まった。

承久の乱開戦

①　鎌倉方

・義時は東国の諸家の家長に対して、「相模守時房（弟）、武蔵守泰時（嫡男）が幕府軍を率いて出撃、朝時（次男）を北國に差し向ける、速やかに一家の人々に伝えて出撃せよ」と命令。

5月22日早朝　泰時18騎（泰時・時氏父子、有時・実義（義時の子）等）で鎌倉出立。同日中に、時房、足利義氏、三浦義村・泰村父子など出陣。22―25日の間にしかるべき東国武士出陣。幕府軍は3道から上洛を目指す。泰時・時房を総大将に時氏・足利義氏・三浦義村等7万騎の大手軍が東海道から、義時の弟朝時7万騎が北陸道から、武田信光・結城朝光・小笠原長清・小山朝長等混成軍5万騎が東山道から、総勢19万。動員した武士は遠江以東の15国の御家人。

・混成軍5万騎は西進するも、鎌倉か、後鳥羽か去就を決めきれずにいたが、鎌倉が手厚い恩賞（6か国守護）を提示したことで鎌倉方についたとされる。御家人は恩賞次第で動静を決めるのが常であり、幕府方にとって危い場面もあった。

・三浦義村は、畠山討滅、時政・牧の方失脚、和田義盛討滅いずれも政子・義時に与し、三寅下向にも尽力、承久の乱も当初から義時を助けて働いた。上洛軍中大手軍に属し、存在感は大きかったとされる。

・九州を除く西国全域32国中18国の守護が後鳥羽方についた。しかし、守護が御家人を率いて後鳥羽方に加わるとなるかは別で、幕府軍19万に対し後鳥羽方の兵力は２万程度。

・５月27日　鎌倉で押松釈放、帰京、幕府大軍西上を報告。

②　後鳥羽方

後鳥羽は院の近臣藤原秀康（河内国に所領、源通親に仕え、その縁で後鳥羽に仕えた。後鳥羽に育成された京武者）を追討使に任命。後鳥羽軍は、藤原秀康・秀澄兄弟等院の近臣武士、三浦胤義・佐々木広綱・小野守綱等在京有力御家人、源翔《かける》（摂津渡辺党）等西面の武士、山田重忠等美濃・尾張の武士など。

東海道に藤原秀康・秀澄兄弟、三浦胤義、佐々木広綱、源翔、山田重忠など７千余騎、東山道に大内惟信など５千余騎、北陸道に７千余騎、残る公卿、僧侶軍を宇治・瀬田に配置。後鳥羽方には、院近臣、北条に怨みを持つ武士、幕府に用いられなかった畿内の源氏、僧兵などが集まった。

戦闘

・6月5日―8日にかけて両軍は戦い、鎌倉方が美濃、伊勢、尾張で後鳥羽方を破り、6月13、14日　瀬田（時房）、宇治（泰時）の決戦で勝敗は決した。

宇治戦は激戦であったと伝えられる。後鳥羽方の総大将は高倉範茂。鎌倉方は兵糧不足、豪雨、宇治川増水、後鳥羽方が宇治橋を引いて備えるなか、渡河を余儀なくされ、多くの武士が水死。佐々木信綱父子、芝田橘六が宇治川先陣渡河。槙島の後鳥羽方の兵糧を鎌倉方が奪取、勝敗の帰趨が決まったとされる。

6月14日夜　三浦胤義、山田重忠、源翔など敗れて帰京。胤義は後鳥羽に「御所で敵を迎え撃ち、討死する覚悟」と述べるが、後鳥羽は御所に幕府軍が攻め込まれては迷惑として胤義を追い出す。胤義は後鳥羽に加担したことを後悔、東寺に籠り、15日　自害。重忠、翔は大江山へ落ちる。

・6月15日　泰時、六波羅到着。6月17日　朝時、六波羅到着。

後鳥羽は義時追討宣旨撤回、帝都の狼藉禁止の勅諚。

勅使小槻《おづき》国宗から「今度の戦は自らの考えで起こしたものではなく、謀臣の起こしたもの。今後は、幕府の指示に従う。」との後鳥羽の言葉が伝えられた。この発言で後鳥羽は周囲の武士の信頼を失ったとされる。鎌倉方は残党掃討。

・６月23日未明　戦勝報告鎌倉着。
６月24日　義時は戦後処理の方針を伝える使者安東光成を京へ派遣。６月29日　京都着。

義時の指示は以下の通り。

後鳥羽の兄の宮守貞《もりさだ》親王を院に、守貞の三郎宮茂仁《ゆたひと》親王を天皇に立てる。

後鳥羽は隠岐国へ流罪、宮、雅成、頼仁親王は泰時の判断で配流、公卿・殿上人は坂東に下せ、それ以下の人々は斬首。

都での狼藉を禁止せよ。

戦後処理

・７月１日　公卿の身柄を関東に護送。多くは途中で斬首された。
７月２日　京方に加わった佐々木広綱などの武士梟首。
・７月８日　守貞親王が太上天皇（後高倉）となり院政開始。
守貞は高倉の皇子。安徳の異母弟。後鳥羽の同母（坊門信隆の娘の七条院殖子）兄。乳母は平知盛の妻と平頼盛の娘、平氏一門の下で養育され、安徳と共に都落ちし、救出され帰京した経歴を持つ。（後鳥羽の乳父母は清盛の妻時子の異父弟の能円・高倉範子夫妻で、後鳥羽の平氏との都落ちもあり得たが、能円の妻の実家高倉家（範季と範子）が後鳥羽を養育、京に留まった。範子の娘在子が後鳥羽に入内し土御門、範季の娘の重子が順徳を産んでいる。）

7月9日　仲恭から守貞の子の茂仁へ譲位、後堀河天皇即位（10歳）。

新院、新天皇はいずれも幕府が決定。幕府による皇位決定は、時代を画するものであった。西園寺公経、三浦義村が舞台廻しをしたとされる。
・7月13日　後鳥羽は隠岐（在島19年で没）に、7月20日　順徳は佐渡に配流、仲恭は廃帝（懐成親王は在位が短く、即位式も大嘗祭も行われていなかったため九条廃帝、承久の廃帝などと呼ばれていたが、明治3年仲恭天皇の名が贈られた）。後鳥羽の隠岐配流には西御方が同行、後鳥羽没後に帰洛。土御門は後鳥羽に疎まれ戦列外であったが、自ら配流を希望、閏10月10日　土佐に配流され、後に阿波に移った。六条宮雅成親王は但馬、頼仁親王は備前に配流。
謀議の中心は、坊門忠信（後鳥羽の母の七条院の兄坊門信清の子）、高倉範茂（のりもち　順徳の母修門院の弟）など後鳥羽側近の新興公家で、朝廷、貴族の全てが反幕府に動いたわけではなかった。首謀者と目された忠信、範茂などの公卿は捕えられ処刑。京方の武士は自刃（山田重忠、源翔、三浦胤義など）するか、捕まり処刑された。藤原秀康・秀澄兄弟は逃亡したが捕縛され、10月6日処刑。

摂政九条道家は静観したが、仲恭の摂政としての責任を問われ、近衛家実に交代。朝廷の実権を握ったのは西園寺公経で、太政大臣となり、関東申次の地位に留まった。
・上皇に味方した公卿、武士の所領凡そ３０００ケ所没収、鎌倉方御家人の恩賞とされた。関東御家人の新補地頭が西国に及ぶこととなり、鎌倉幕府の全国への影響力、統制力が強まった。それと共に、各地で荘園領主との軋轢が生じることになる。西国へ移駐の東国御家人として薩摩の島津、豊後の大友、安芸の毛利、小早川などが挙げられる。

乱の結果

・承久の乱の勝利により、義時は頼朝と並ぶ鎌倉幕府の創始者と位置づけられ、義時の子孫に幕府支配に正統性を与えた。朝廷に対する人々の評価は失墜した。
「天下の武士達が義時を尊敬したのは、承久の乱後に、多くの欠所を全て戦功の武士に分配し、自らは一か所も取らなかったことによる」とされる（新井白石）
・泰時、時房は六波羅守護。義時の死で泰時は１２２４年、時房は１２２５年に鎌倉に帰還。後任は泰時の跡には嫡子時氏（北方）、時房の跡には嫡子朝直（南方）、次いで時盛が六波羅に入り、西国支配のための幕府出先機関（六波羅探題）としての役割を担った。
・１２２３年６月　新補率法宣旨　新補地頭の得分は総田畠の十一分の一、その他、田畠については一反（10アール）当たり5升の加徴米の徴収可とした。さらに、山野河海からの取得物の半分、犯罪者からの没収物の三分の一を地頭の得分とすることを定めた。新補率法を取るか、その他の先例に従うかは地頭の判断に委ねられた。

3　北条泰時の時代

義時の死と泰時の執権就任を巡る騒動

・1224年6月13日　義時急死（62歳）。脚気と霍乱（急性胃腸炎）といわれる。近習の深見三郎による刺殺説、義時の妻の伊賀方による毒殺説もある。

義時の嫡男泰時は京の六波羅北方探題であったが、6月17日　京発、時房は6月19日発、鎌倉下向。

・泰時の母は義時の正妻ではない。義時の正妻は比企能員の娘（朝時、重時の母）で比企氏族滅の時に離別、後妻は伊賀朝光（承久の乱で戦死した光季の一族）の娘の伊賀局（政村、実泰の母）。伊賀局は、自分の息子の政村の執権就任、娘婿の一条実雅（30歳　将軍頼経の腹心　西園寺公経の猶子）の将軍就任を画策、政村の烏帽子親の三浦義村を頼った。三寅は7歳で幼く、30歳の実雅将軍就任は説得力もあったとされる。政子が「泰時を執権とする、政村を罰しない」と言う条件で義村を伊賀方側から抜けさせ、7月　宿老の三浦義村、小山朝政、結城朝光などを泰時館に集め、政子が将軍頼経を抱いて現れ、泰時（42歳）を執権として認めることを皆に誓わせ、泰時と時房は政子から三寅後見を命じられた。

・泰時執権就任については、次の見解がある。

6月28日　政子は泰時、時房を御所に呼び、執権と連署に任命。これに伊賀局が憤り、一条実雅を将軍に、政村を執権にする謀議が行われているとの風説が流れた。泰時は騒がず、風説は不実として否定、騒動は沈静化した。

7月5日　三浦義村が伊賀局支持の態度を示し、7月17日　政子が義村邸訪問。「義村は泰時の執権就任を承認。政子は政村を処罰しない。義村は伊賀光宗（光季の弟、政所執事）の策謀を抑える。」で合意。翌日、義村は泰時邸訪問、報告、了承を得た。

伊賀局謀議の風説を流したのは政子で、政子は伊賀局が義時の後家として北条家家長権を掌握、地位が強まり、政子の権勢が揺らぐことを懸念したことによる騒動であった。当時、政子支持は大江広元くらいで少数、時房、三浦義村、足利義氏など2代目、3代目世代は泰時支持、また、伊賀局は義時没で落飾、政権に介入する力も無く、泰時は伊賀局の謀略の風聞を信じなかった。政子の露骨な権力闘争に、皆が反発を感じる時代となっていた（永井晋氏）。

・政村は処罰なし。伊賀局は伊豆国北条へ、伊賀光宗は信濃国へ流刑。一条実雅は公卿なので京都へ送り、朝廷が処分、越前に配流、4年後に配所で没。伊賀光宗は政子没後、鎌倉に復帰している。

泰時、時房、政子の死

① 泰時、時房

泰時は和田合戦や承久の乱で活躍、実朝からは文才を認められ、文武に優れ、兄弟愛、部下思いの理想的人物として吾妻鑑には記され、後年、泰時の時代が執権政治の理想とされる。

時房は泰時の8歳年上の叔父で、幕府内で泰時より早くから重きをなしていた。義時没後、泰時（在鎌倉）、時房（在京都）は並んで幕政を主導。時房が恒常的に在鎌倉となったのは、政子没後の1225年以降と見られている。

② 政子の死

1225年6月10日　大江広元没（78歳）。7月11日　政子没（69歳）。

広元と政子の相次ぐ死は、幕府創設の時代の終わりを象徴するものであった。

政子の頼朝没後の人生は、息子の頼家・実朝の非業の死、実朝後継を巡る公暁などの孫の死、父時政・義母牧方や義時後妻伊賀局事件があり、また、頼朝と共に幕府創業に働いた梶原・畠山・比企・和田など重臣が粛清され次々と姿を消し、承久の乱の勝利で北条一族の権力が確立された。政子は自分の人生に如何なる感慨を抱いたであろうか。

政子は、頼朝在世中は頼朝の妻の立場であり、範頼粛清への関与の疑などはあるが、表だった行動はあまり見えない。

頼朝没後は、政子の思考の中心は自らの権勢の維持であったと感じられる。そのためには、頼家除去はじめ、目的のためには手段を択ばない人物の印象が強い。それもまた、当時の権力の座にある者の生き方として、異とすべきものではないということであろうか。

泰時の治世

①　泰時治世初期

1224年7月29日　御内法令と言われる家法制定。家令職（後に執事と呼ばれる）創設。

北条氏の惣領を義時の法名の得宗と呼ぶこととする。

1225年7月23日　北条時房が鎌倉に戻り連署に就任。複数執権となる。12月20日三寅を新造御所に移す。12月29日　元服。名を頼経と改める。

翌年、1月27日　正5位下、征夷大将軍に補任（9歳）。

1225年12月11日　重臣11人（三浦義村、中原師員、二階堂行持、行盛（政所執事）、後藤基綱、町野康俊（門注所執事）など）を評定衆に指名。執権、連署、評定衆合議により幕政運営、御家人の訴訟審理にあたることとする（将軍は出席しない）。

執権、連署は「理非決断の職」とされ、幕府の政策決定の最高責任者とされた。評定の運営は執権の責任で行われ、理非決断の場は将軍御前から執権御前に移った。執権政治の始まりである。

1228年　近衛家実関白辞職、九条道家就任。

道家は娘尊子（西園寺公経の孫）を後堀河に入内させ、1230年2月　中宮。関白道家と公経が朝廷政治を主導。道家は将軍頼経の父として朝廷と幕府の交渉を掌握。凡そ20年にわたり朝政を主導した。

1230年6月18日　泰時の嫡男時氏病死（28歳）。賢夫人と言われた時氏の妻の安達の方は実家に戻り松下禅尼を名乗る。息子は経時、時頼、時定。

1230年（寛喜2年）は冷夏、暖冬で大凶作、1231年は前年の天候不順、西国は旱魃で飢饉が生じた（寛喜の飢饉）。この非常事態に、超法規の時限措置として人身売買（奴隷）を認めている（非常時の措置として江戸時代に至るまで行われた）。また、裕福な人々に、出挙米放出、米を貸付けて農民を救うことを命じ、元本は農民自らが返済、利息に滞納が生ずれば泰時（幕府）が補填する徳政を行っている。

②　御成敗式目制定

１２３２年８月　幕府基本法典の御成敗式目（貞永式目）51条制定。

地頭の権利、立場を法的に保証、同時に、御家人の職権の枠を越えての荘園侵略を抑制、一定の公武共存状態が成立したと解されている。式目は「道理の押すところとし、公家の法を変更するものではない」とし、武士のみの規範で、朝廷については不干渉としている。式目は、既に存在すると認識されている法について幕府の最大公約数的理解、幕府にとってその時点で最も好ましいものを纏めたものとされる。

・幕府の統治、治安維持についての基本規定―守護・地頭の職務、地頭の非法禁止、謀反人の扱い、強盗・窃盗・放火の罪科など
・所領の扱いについての主従、親子、夫婦の基本的規範
・御家人の所領を巡る訴訟多発を踏まえた土地の帰属関係の規定
・私闘の制限

などを内容とする。ここに評定合議制と法治主義に基づく執権政治体制が完成された。

③　朝廷の動きへの対応

1232年10月　後堀河譲位、皇子秀仁親王が即位して四条天皇（2歳）。後堀河院政開始。道家、公経権勢。1234年　後堀河没（23歳）。

1235年　九条道家が後鳥羽帰京を幕府に働きかけるが、泰時は拒否。（1239年2月22日　後鳥羽は隠岐で没（60歳）。土御門は土佐から阿波に移り、1231年没（37歳）。順徳は佐渡で1242年没（46歳　絶食による自死とされる）。仲恭は1233年没（17歳））。

1238年　将軍頼経が泰時・時房等幕府首脳と共に上洛。四条天皇、九条道家と対面。京都の警備、御家人の任官を巡る問題を調整。10月　鎌倉へ帰る。

1240年1月24日　時房没、後任の連署は置かなかった。

1242年1月　四条没（12歳）。九条道家が順徳上皇の皇子忠成《ただなり》親王擁立に動き、幕府に諮問（道家は将軍頼経（25歳）裁定を期待）。執権泰時は承久の乱で後鳥羽と同心、後鳥羽に従った順徳の皇子即位に反対（忠成が即位すれば順徳院政となる）、土御門の皇子邦仁を推戴。邦仁親王が即位して後嵯峨天皇（23歳）となった。それまで邦仁には庇護者もなく、寄り付く者もない生活を送っており、朝廷の貴族達は邦仁の即位を全く予想してなかった。幕府に擁立され即位した後嵯峨は親幕派となる。承久の乱後の後堀河即位に続く、幕府の皇位選定で、皇位選定は上皇の手を離れ、幕府、北条氏に握られた。

関白に近衛兼経が就任。道家の権勢に陰りが生じた。西園寺公経・実氏父子は道家から距離をとり、1242年　実氏の娘吉子が後嵯峨に入内、中宮。1243年　皇子久仁《ひさひと》（後深草）誕生。

④　泰時の死

・1242年6月15日　泰時没（60歳）。1239年　後鳥羽は隠岐で没したが、三浦義村没（1239年）、北条時房没（1240年）、北条泰時没（1242年）は後鳥羽の祟りと噂された。
泰時は北条執権政治の確立者とされる。泰時執権時代は御家人族滅の騒乱はなく、合議を重んじ、内政充実が進んだ。泰時の才覚による。その資質は子孫には承継されなかった。
・貨幣（宋銭）経済が鎌倉に入り、年貢の銭納化が進み、金融業者、運送業者が発生。鉄製農具が普及、武蔵の開発が進んだ。一方、御家人の相続を巡る訴訟が多発している。
・「泰時は賢者であった」（新井白石）。「心は正しく、政治は真っすぐで、人を育て、物に驕らず、公家を大切に思い本所の迷惑を取り除いたので天下は静まった。北条氏が代々続いたのもひとえに泰時の力による」（神皇正統記）などの評価がある。

4　北条経時、時頼の時代

北条経時の時代─将軍は頼経から頼継に

1242年　泰時没で経時執権就任（19歳）。泰時の嫡子時氏は1230年六波羅離任、鎌倉に戻った直後、28歳で没。次子時実も1227年に没していたため、時氏の嫡子・泰時の孫の経時の執権就任となった。将軍頼経は25歳、経時の6歳年長で、年齢差が将軍頼経の権威を押し上げた。

1243年　経時は評定衆を3班に分け、班毎に出勤日を定め、訴訟処理の迅速化を図る。翌年には、再審請求者を経時が自ら聴取、理由があれば再審させることとした。

1244年4月　天変を理由に頼経は将軍職を子の頼嗣（6歳）に譲る。経時は頼嗣と妹の檜皮姫《ひはだ》（16歳）を結婚させる。

頼経は将軍退任後も鎌倉にあり、将軍の父、大殿として権勢を保ち、執権に不満を持つ勢力が集まる（名越光時（義時の次男朝時流）、三浦光村等）。京では西園寺公経没、九条道家が関東申次を独占。道家からも頼経を経由して北条本家打倒が呼びかけられた。

1245年　経時夫妻病気、9月4日　夫人没（15歳）、翌年閏4月1日　経時没（23歳）。若い執権夫妻の相次ぐ死去には疑惑が残る。

1246年1月　後嵯峨は久仁親王（4歳　後深草）に譲位、後嵯峨院政開始。

北条時頼の時代

1246年3月　寄合と呼ばれる北条氏中心の少数者の合議で、経時の弟の時頼（20歳）執権就任が決まった。「深秘御沙汰」が行われたと記録される。寄合はその後もしばしば行われ、幕府の実質的な最高意思決定機関となっていく。

①　5月24日　宮騒動

・時頼の執権就任に、将軍親政派の名越光時、時幸（北条朝時流）が反対。光時は、「我は義時が孫なり、時頼は義時のひ孫なり」、正当な承継者は自分であるとした。頼りにした三浦泰村（義村の子）が立たず、戦わずして敗北。光時は伊豆国北条へ配流、弟の時幸自刃。6月7日、21人の評定衆のうち将軍派の後藤基綱、狩野為佐、千葉秀胤、町野康持罷免。7月11日、前将軍頼経を京都へ追却。

・将軍が政務を執ることは、将軍が幕府のトップであり当然の理である。将軍が将軍としての意識、親政意識を持つと、周囲の御家人を巻き込み、政務の実権を握る執権北条氏との確執、騒動が生じる。執権北条氏にとっては、自らの権勢の本質に関わる根深い問題であり、こうした騒動はその後も生じる。

② 宝治合戦—三浦氏族滅

・1246年　時頼は六波羅探題北条重時を鎌倉に戻す了解を三浦泰村に求めたが、泰村は拒否。泰村は泰時の外戚の地位保持に拘り、時頼の外戚安達景盛（時頼の母松下禅尼の父）の怨みをかっていた。

1247年（宝治1年）6月5日　時頼は泰村と和睦を図ったが、景盛勢が泰村邸を攻撃、時頼も三浦氏征討に踏み切る。安達の軍勢が三浦泰村邸を襲撃、和田合戦以来の大規模な市街戦となった。泰村は敗れ、右大将家法華堂で自害、500余人が共に自害、三浦氏族滅。上総千葉氏は当主秀胤を始め族滅、大江広元の子孫の毛利季光滅亡。三浦一族のうち、佐原流三浦氏のみは生き残った（後三浦氏）。

宝治合戦の後は北条氏に刃向かう武士団はいなくなり、北条氏覇権確立、北条嫡流並びに姻戚関係の安達氏が力を持つ。

・1247年7月27日　1230年から17年間六波羅北方探題の任にあった大叔父北条重時（極楽寺　義時の3男）が鎌倉に帰還、連署に就任（50歳　後任は子息の長時）。重時の娘が時頼に嫁す。

重時は政権で重きをなし、幕府政治は撫民を標榜、日本全国を統治する者としての意識を持つようになったとされ、重時の浄土宗思想に影響されたとも言われる。重時のスタンスは娘婿安達泰盛に受け継がれた。これに対して、幕府は御家人のためが第一とするのが平頼綱であった。

③　時頼の治世

１２４７年８月１日　御家人からの将軍への贈物取りやめ、京都大番役の期間を６ヶ月から３ヶ月へ短縮するなど御家人の負担軽減を図る。

１２４８年　長男時輔誕生、母は側室讃岐の方で出雲国の御家人の娘。

１２４９年12月９日　引付衆設置。15人の評定衆から３人（全員北条氏）を選び、３番編成の頭人とし、その下に御家人から引付衆を選任、訴訟処理（所領を巡る御家人同士、御家人と荘園領主との訴訟）の原案を作らせ、訴訟の迅速化を図った。以後、引付就任者から評定衆に昇進が流れとなる。

幕府の枢要ポストである評定衆、引付衆への北条一門の就任比率が増える。守護職も同様で、時頼の時代に幕府権力の北条私物化が進んだとされる。

１２４９年（建長１年）に建長寺造営着手、１２５３年11月25日に落成。開山は南宋の蘭渓道隆、幕府の宗教は臨済宗となる。

１２５１年　正室重時の娘に時宗誕生、時頼は時宗を偏愛、時宗を嫡男相模太郎とし、兄の時輔を三男とし相模三郎とする。後年の２月騒動の因となる。

1251年12月　了行法師事件（了行は千葉氏の一族）。将軍頼嗣は13歳。前将軍頼経と三浦・千葉氏の残党に足利泰氏が加わった将軍派の謀反が発覚。頼経は謀反人扱いとなり、京では九条道家（頼経の父）の権勢が消滅、関東申次更迭（1252年4月没）。西園寺実氏が関東申次に就任（以後世襲）。

1252年3月　将軍頼嗣廃嫡、京へ追却。後継には後嵯峨上皇（佐幕派）に皇子下向を願い、上皇の皇子宗尊親王（11歳）が鎌倉下向、6代将軍就任。親王将軍が実現。

・8月　鎌倉深沢に金銅八丈の釈迦如来像の鋳造開始。行基を敬う律宗僧達が推進。当初の大仏は木造で1243年6月に造立。

④　**長時執権、時頼得宗**

1255年　赤斑瘡《あかもがさ》（麻疹）が流行。北条重時は病で出家、連署辞任。北条政村（義時の四男）連署就任。1256年8月　京で頼経没（39歳）、10月　頼嗣没（18歳）。

1256年9月　時頼、麻疹発病、回復、11月　赤痢に苦しみ執権辞任。

時頼は、赤橋長時（重時の嫡男）に6歳の時宗が成長するまでの間、執権職を委ね（北条本家以外の執権就任は初めて）、出家（年来の希望）するが全快。長時、政村の上に時頼が君臨する体制となり、執権ではない得宗が実権を持つ政権運営となった。

1260年2月5日　将軍宗尊親王は近衛兼経の姫の宰子と結婚。次第に自ら政務を執ろうとする意欲を持つ。

１２６１年（弘長１年）　時頼の指示で弘長新制施行（諸奉行、御家人、御所女房に対して質素倹約を強調、奢侈を禁止）。

１２６３年11月22日　時頼没（37歳）。

第7章

元寇と時宗・貞時の時代

1　北条時宗の時代

北条時宗の登場

1263年11月　北条時頼没（37歳）。

1264年8月　執権北条長時病没（35歳）。北条政村執権就任（60歳、義時の四男）。時宗は連署に就任（14歳）。北条時輔が六波羅探題南方に就任。探題不在の南方再建の必要があったためとされる。

1266年6月　深秘の御沙汰、7月　宗尊将軍（25歳、在職14年）を京へ追却（1271年没）、子の惟康王（3歳　鎌倉で誕生）を7代将軍とする。宗尊将軍が長ずるに及び、将軍の自覚を持ち、名越教時など有力な側近を持つようになったためとされる。北条氏にとって将軍は祭司王としてのみ必要な存在であった。

1268年3月5日　時宗執権就任（18歳）、政村は執権辞任、連署に就任。時宗は謹厳実直、喜怒の情を表に表さず、功業に驕ることのない人物とされる。

元の使者到着、襲来への体制整備

①　元のスタンス

・日本と宋との交易が盛んであった。材木、硫黄、米等を輸出、主として宋銭を輸入。交易のため、福岡、佐賀、長崎、山口、鹿児島などには多数の唐坊（唐房、チャイナタウン）が存在した。元にとっては、敵国宋と親密な日本は敵国側で、宋に打撃を与えるため硫黄（火山の少ない中国では火薬の原料となる硫黄の確保が重用）の入手先を絶つ必要もあった。

・モンゴルでは、１２２７年　チンギス没、１２２９年　オゴタイ継承、１２３４年　女真の金討滅、１２４６年　グユク（オゴタイの子）継承、１２５１年　マング継承、１２６０年　フビライ継承。

１２３１年　高麗侵略開始、１２６０年　高麗王玄宗、フビライに従属。１２６１年モンゴルは南宋に宣戦布告。１２７０年　高麗の軍事力の中核の三別抄《さんべつしょう》が高麗王元宗に叛旗、江華島に立てこもり、独自に王を擁立。全羅南道珍島《ちんど》に移る。１２７１年　モンゴル・高麗軍攻撃で珍島陥落、済州島《ちぇじゅ》へ移るが、１２７３年　陥落。１２７１年11月　モンゴルは国号を元とする。

・フビライは、日本における幕府と朝廷の不和、北条氏の内紛などの情報を得ており、日本は一枚岩ではないと考え、九州に上陸、侵攻すれば、親元政権樹立可能と考えていた。

② 元の使者来日

1268年1月1日　モンゴル皇帝フビライと高麗王の使節が国書を携えて、九州大宰府に到着。フビライの国書はモンゴル皇帝と日本国王の上下関係を前提に、今後、両国の親睦を望むとしつつ、通好しなければ日本を攻めるとの威嚇を含むもの、高麗王の国書は、日本が元に使者を派遣、好を通じることを勧めるものであった。

大宰府の鎮西奉行少弐資能《すけよし》は使節を大宰府に留め置き、鎌倉に飛脚を送り、幕府は2月7日に京都へこれを伝達した。朝廷の評定は、幕府の意向も受け、返書を送らず使者を帰国させるというものであった。この頃、外交問題について政治的決定を下す中枢は何処かのコンセンサスはなかったため、こうした経緯を辿ったが、以降は幕府の決定が優先していく。

時宗は、当初からモンゴル軍の侵攻を迎え撃つ覚悟を決めていたとされる。時頼、時宗親子は臨済宗に帰依、臨済宗には建長寺の蘭渓道隆をはじめモンゴルに侵攻された南宋からの亡命僧が多く、彼等の厳しいモンゴル観の影響を受けていた。

7月18日　使節は返書ないまま帰還。

1269年2月16日、9月17日と2回目、3回目の使節着。朝廷は返書を作成、幕府に送るが、幕府は返答せずの対応。

１２７１年９月15日　４回目の使節着、日本の将軍との直接交渉を求める。元の国書は、11月までに返書がなければ出兵準備をするという最後通牒的恫喝を含んだものであったが、幕府返答せずの態度を通す。

１２７１年９月13日　幕府は九州に所領のある東国御家人に、九州へ下向し異国防衛にあたることを命じる。幕府は襲来地点を筑前（福岡）、肥前（佐賀、長崎）と予想、九州の御家人に輪番で防衛にあたらせる異国警固番役を開始。

２月騒動

・名越家は北条泰時の弟朝時の家系で得宗家に匹敵する名流であるが、時章《ときあき》、教時《のりとき》兄弟は将軍派で得宗家に抗する姿勢をとる。また、鎮西、北陸に多くの守護分国を持つ大勢力であった。このため、時宗は元襲来に備えた体制確立に障害となる存在と考えた。また、北条時輔は長男でありながら父の時頼に疎まれ三男とされた経緯を持ち、１２６４年に17歳で六波羅探題南方になり、西国に相応の勢力を築いていた。時宗は時輔についても自らへの権力集中に不満を抱く勢力の拠点となることを恐れた。

・１２７２年２月11日　鎌倉で名越時章（58歳、一番引付頭人、執権、連署に次ぐ重臣）、教時（38歳、評定衆）の邸を武装集団（時宗の家臣）が襲い、2人を討ち取る。事件後、2人は謀反に関係なかったとして、討手の将5人は即日斬首。時章の守護分国の筑後、肥後、大隅は召し上げられた。

2月15日　2ケ月前に着任した六波羅探題北方北条（赤橋）義宗の手勢が探題南方を襲い、六波羅探題炎上、北条時輔が討たれ、時輔の持っていた分国伯耆も召し上げられた。

彼等が謀反を企てたことを裏付ける史料はない。当時、佐幕派の後嵯峨上皇の病が悪化し、後嵯峨没後、元の使節への和親返書派の亀山天皇親政となれば得宗違勅とする事態も予想され、反得宗の武士が勢いづき、名越兄弟、北条時輔がこれに加担する可能性があった。2月騒動により時宗は幕府の全権を掌握する独裁者となった。

・時宗は事を決める時には「寄合」を催した。メンバーは安達泰盛（妻の兄）、平頼綱（御内人の頭）、諏訪頼経（御内人）、太田康有（評定衆）、佐藤業連《なりつら》（評定衆）の5人。寄合は独裁者時宗の政治を円滑に運ぶための諮問機関であった。

1273年5月　連署政村没。北条義政が連署就任。

天皇即位への介入、持明院統・大覚寺統の発生

後嵯峨は親政4年、院政26年と通算30年の治世において終始佐幕派であった。1246

年譲位、嫡子皇太子久仁親王（中宮（西園寺実氏の娘）との皇子）が即位して後深草天皇、１２５９年　後深草（17歳）を譲位させ、６歳下の恒仁親王即位、亀山天皇（11歳）とした。後深草は小柄で腰が弱く身体的に問題があり、性格も内向的であったのに比し、亀山は明朗、明晰で後嵯峨は亀山を偏愛した。１２６８年　亀山の皇子世仁《よひと》親王（後８月）を皇太子とする。

１２７２年２月17日　後嵯峨没。後深草上皇と亀山天皇が実権を争うが、母の大宮院が後嵯峨の真意は亀山にあるとして亀山親政続行が決まった。

１２７４年１月　世仁親王が即位して後宇多天皇となり、亀山院政開始。

後深草は不満。関東申次の西園寺実兼《さねかね》が後深草のために幕府に働きかける。時宗はモンゴルとの戦を控え、朝廷内の宥和を図る必要から１２７５年11月５日　後深草の皇子熙仁《ひろひと》親王（11歳）を後宇多（９歳）の皇太子とし、次の権力者、院政の主は後深草と決まった。ここに後深草系の持明院統と亀山系の大覚寺統が生じ、南北朝抗争の源が発生した。両統は各々独立した財政基盤（荘園）を持ち、幕府の意向を利用して皇位を争うこととなる。大覚寺統は儒学、仏教など大陸文化に関心を持ち、天皇集権の立場、持明院統は現状維持の立場であった。

文永の役

・1273年末までに元は、華北を支配していた金を滅ぼし（1234年）、江南を支配していた南宋を追いつめ、高麗を服従させ（1260年）、東南アジア全体をほぼ勢力下に収め、東南アジアから東ヨーロッパに跨る空前のモンゴル大帝国が形成されるに至った。1273年3月に済州島に拠った高麗の抗元勢力の三別抄を滅ぼし、日本への渡海上の制約も除かれた。鎌倉幕府との外交交渉は元の思惑通りにはいかず、ここに元の日本出兵は必至の状況となっていた。

・1274年（文永11年）10月3日（新暦11月3日）忽敦《くどうん》を日本征討都元帥、洪茶丘、劉復亨《りゅうふくこう》を副元帥とする総勢4万（元軍（2500人）・高麗軍（800人）、水主（6700人））が900艘の軍戦に分譲、高麗の慶尚南道合浦（馬山）を出港（高麗史など）。

・服部英雄氏は、文永の役の戦況につき次のように説く。

軍船900隻は小舟も入れたもので大船（長さ27m）に積載されている軽疾船（10m）、汲水船（3—4m）各々300隻を含めたもの。現実には大船は112隻しか微発出来ず、積載兵力は蒙漢軍4千人、高麗軍1500人、水主6720人、総勢1万2千余であった。

10月3日のうちに対馬着、5日までに対馬守護所制圧。対馬を基地とする。対馬島民は高麗と親しく、激戦は無かった。高麗は対馬を日本領とは考えておらず、倭人の不法占拠地乃至両属地と認識していた。10月13日　壱岐着。日本軍を破る。

10月19日博多湾岸に夜間上陸、20日昼にも上陸。侵攻して筥崎宮を焼く。以降、日本と元軍は7日間戦った。日本は石築地築造前であったが、海岸の要害地に兵を配備、よく戦い、元軍は大宰府警護所を奪えず、大宰府制圧は出来なかった。

寒冷前線による嵐があり、元軍は27日頃撤退、高麗へ戻った。冬型気圧配置が強まり、帰国の海上交通困難、兵站を断たれる恐れがあった。
・元軍は集団戦法、毒矢や火薬を使用、日本軍がかつて経験したことのない戦となったが、日本軍はよく戦い、日本上陸制圧を許さなかった。

弘安の役

①　防衛体制の整備

1275年2月　異国警固番役を本格化。幕府は九州9国を筑前・肥後、肥前・豊前、豊後・筑後、日向・薩摩・大隅の4グループに分け、春夏秋冬3月毎に交代する異国警固の軍役を課した。対象は九州御家人、九州に所領を持つ東国御家人に加え、本所領家一円地に住む非御家人武士も加えられた。
5月　長門国の警固につき、周防・安芸・備後3国も共に警固、防戦することを命じる。

年末　九州を中心とした近隣守護を再編成、得宗専制体制を強化。九州、長門、周防の守護は北条氏関係者が充てられた。この結果、それまで数か国の守護を兼ねた少弐は筑前・肥後、大友、島津は本国1国のみの守護となる。

北条（金沢）実時による高麗遠征案が浮上。1276年　実時病で中止。

1276年3月　鎮西奉行は、博多湾沿岸に、元の騎馬軍団対策として石築地（防塁）築造（九州各国に分担割当）を命じる。東は香椎から西は今津に至る約20kmの海岸に、高さ2m前後の石築地を砂丘上に築造。標高7m程、基底部幅約3m、海側は石積、後背は石積と土手、上部は武者走りで幅1－2m程度、10月に完成。

長門探題設置、北条一族派遣。異国警固のため中国一円を支配する体制も整備された。

1277年　北条義政連署辞任。後任は置かなかった。

②　元の使節到来

1275年4月　元は再び使者を日本に派遣、長門国室津に来着、京を目指すが、鎌倉に送られ斬首。

大陸では1279年　南宋滅亡。フビライの日本再征につき、臣下は、もう一度日本に使者を派遣すべきとし、1279年6月　元の使者来日、再び斬首。

1280年　元は日本遠征を目的とする征東中書省を開京に設置。長官に高麗王、副官は元人とする。８月　フビライは、東路軍（元・高麗連合軍　洪茶丘などを将とする）４万が高麗の合浦から、江南軍（旧南宋軍　南宋の降将范文虎、阿塔海《あたはい》を将とする）10万が江南の慶元（寧波）から出発、81年６月15日に壱岐で合流、日本征討の方針を決定する（高麗史）。元史には６月15日壱岐で合流の記述はない。

１２８１年２月　フビライは日本出征を命じる。

日本は１２８０年５月頃から高麗南岸で略奪行為をしつつ情報収集。国内では社寺で神仏の加護を求める祈祷が盛んに行われた。

③　弘安の役

・１２８１年５月３日　東路軍４万が９００艘の軍船に分乗して合浦を出発。兵力については９００艘は小舟を含めたもので、大船は１５０艘以下との推測がある（服部英雄氏）。

５月21日　対馬に上陸、制圧。次いで壱岐を制圧。

６月６日　博多湾志賀島に到着する。日本軍は小舟で夜襲。日本軍は苦戦するが、元軍も本土上陸出来ず、悪疫に苦しむ。

東路軍の一部が長門を攻撃、中国・四国の御家人に上陸を阻止され、壱岐に引き返す。

江南軍10万、軍船３５００艘は６月下旬　順次慶元を出発。

現実の兵力は東路軍と大差なく、軍船は老朽商船の転用船がかなりの部分を占めたとされる（服部英雄氏）。

7月下旬　壱岐で東路軍と合流、博多を目指し鷹島（長崎県）に上陸。これに対し、地元松浦党など日本軍は海上攻撃を波状的に展開。

7月30日から翌閏7月1日にかけて鷹島付近を台風急襲、元軍は壊滅的打撃を蒙る。特に江南軍の被害が大きく10万人のうち6―7万人、東路軍は7千余が帰還できなかった。

以上が、各種資料に記述された概要である。

・戦の現実につき、服部英雄氏は次のように述べる。

東路軍は、5月3日　合浦出陣、同日対馬着。5月8日頃までに全島掌握。5月15日頃壱岐へ。5月26日　志賀島へ、日本軍守備隊の抵抗は殆ど無かった。6月6日　日本軍が志賀島を夜襲、6月8日　志賀島で陸戦、絵に残る竹崎李長の戦闘はこの時のものと見る。6月9日頃　長門へ元軍攻撃（合浦から直接の来襲）、日本は撃退。6月12、15、19日元軍が大宰府攻略のため博多湾岸へ来襲、日本軍は石築地で防衛。6月27日　一部が鷹島に移動。6月29―7月2日　日本軍が壱岐攻撃。閏7月1日　台風襲来。閏7月5日　志賀島を日本軍が猛攻（少弐経資、安達盛宗、島津久親など）。

江南軍は、6月18日　出陣、6月21日頃　済州島で水、食料補給、7月初　平戸島、7月15日頃　鷹島着、土城構築。閏7月1日　台風襲来、閏7月7日　鷹島で日本軍（肥前

守護北条時定など）と激戦、日本軍圧勝、元将范文虎逃亡。
閏7月1日の台風は元、日本軍双方に被害を与えた。地勢上、鷹島は志賀島に比べ被害が甚大であった。江南軍の戦艦の多くは老朽の商船転用船で被害が大きかった。元は沈没、被災船の補填、食料不足、范文虎将軍逃亡などで士気粗相、両島での敗北で両軍とも高麗へと撤退した。

元史では、残された２－３万人は日本の捕虜となり、モンゴル、高麗、漢人は処刑され、南宋人は命は助けられたが奴隷にされたと記述、日本史料では2千余人降参とある。中国の記述は10倍位の誇張があり、実際は３千人程度と見る。また、捕虜は貴重な財産であり処刑はあり得ない。江南軍は鍬や鋤を船に積み込んでおり、移住希望者、屯田兵であったという見方もあるが、鋤、鍬は工兵隊の工具であり、未征服地、臨戦地での屯田兵はあり得ない。

6月15日　壱岐で東路軍、江南軍合流とのフビライの指示は、おおまかな目標を示したに過ぎない。九州上陸後に両軍合流して京、鎌倉へ進軍すればよい程度のもので、江南軍の遅れが元軍の敗北の因ではない。また、江南軍は東路軍への増派軍であったとも見る。

・元軍は火薬を戦に用い、また、破壊兵器「回回砲」と呼ばれる投石器と石弾を大量に積み込んでおり、元の大軍が一挙に博多湾に侵攻すれば石築地も破壊された可能性もあった。

弘安の役で元の海軍戦力はその三分の二以上が失われたとされる。

当時、暴風雨による元軍の大損害は偶然のものではなく、公武をあげて祈願した神仏の加護、神意による神風と信じられ、外敵は日本を侵すことはできないという神国思想が生まれた。

④　弘安の役後

・元寇は日本国存亡の危機であった。こうした事変に直面し、人々は「日本国」という国、「日本人」という民族を意識する契機となった。
・元は弘安の役後も日本招諭（呼び寄せて帰順させる）や征服を捨てたわけではなく、招諭の使者派遣、高麗へ軍船建造命令などを繰り返している。
１２８５年秋には朝鮮半島南端の合浦に日本再征討のため万余の軍勢、回回砲、米、軍船などが準備されたが、86年1月に元皇太子真金の突然死で中止されている。１２９２年には、フビライが日本再征決意、準備を進めたが、94年1月　フビライ没で消滅した。

最後に日本招諭の使者として派遣されたのは臨済宗の禅僧一山一寧《いっさんいちねい》で、１２９９年10月来日、国書を将軍に届けたが、修善寺に幽閉。高名な禅僧であったため許され、鎌倉の建長寺住職、さらに鎌倉円覚寺、京都南禅寺の住職を務め、臨済宗興隆に貢献している。
・幕府は元の動静も踏まえ、弘安の役の後もモンゴル襲来の危機感を持ち続けた。石築地の修築役や異国警固番役の励行を指示、1293年には鎮西探題を博多に置き、北条兼時に初代探題を命じている。鎌倉幕府はその滅亡まで元への戦時体制を解かなかった。

元寇戦後の時宗

・時宗は元寇の戦没者追悼のため1278年　円覚寺建立に着手、1282年　に竣工。無学祖元を開山とし、日本軍、元軍の兵士を供養。

文永、弘安の役には戦利品がない。時宗は恩賞として2月騒動の没収地や自領を放出するが足らず、御家人には恩賞への不満が残った。

・時宗の下には、弟宗政率いる北条一門と時宗の妻の兄安達泰盛率いる御家人の2大勢力があったが、1281年8月9日　宗政没、安達氏の勢力が強くなる。こうした中、北条義政（実時の3男）が高麗遠征を蒸し返し、安達、少弐、大友などの御家人を派兵により一掃しようと図るが、11月27日　義政没、遠征論は消滅、安達氏が唱える専守防衛に徹することとなった。

・1284年4月4日　時宗没（34歳）。時宗の生涯は元との戦に尽きる。弘安の役の頃には過度の神経症に罹っていたと言われる。時宗の時代は得宗独裁期と言える。その後、鎌倉幕府滅亡迄の49年間は寄合が、評定会議の上位の幕府最高議決機関となる。制度は、寄合―評定―引付方、役職は、寄合衆（含　執権、連署）―引付頭人―評定衆―引付衆―奉行人であった。

元寇は時代の変転の契機となり、北条氏支配の社会の崩壊につながっていく。

2　北条貞時の時代

貞時の若年の間、安達泰盛（貞時の外祖父）、平頼綱（御内人　貞時の乳母夫）が実力者として力を振るった。まず、主導権を握ったのは安達泰盛である。

北条貞時執権就任と安達泰盛、霜月騒動

1284年7月　時宗の嫡男の貞時執権就任、14歳。安達泰盛（貞時の母の兄）が政権運営を主導する。連署業時《なりとき》。将軍惟康は21歳。

①　安達泰盛と弘安徳政

5月　新式目38条制定。弘安徳政（体制を元のあるべき姿に戻すことを意図）と呼ばれ、時宗生存中に時宗と安達泰盛により計画、用意されたものとされる。

西国の本所一円地（寺社、権門勢家の支配地）住人である非御家人を幕府御家人とし、

全ての武士を幕府統制下へ組み入れる、幕府に持ち込まれる訴訟（所領がらみ）は幕府の処理能力を超えるため、鎮西支配機構設置、六波羅探題の権限強化、守護の権限強化を図り地方機関へ分権を図ることを目指した。

非御家人の御家人化は、西国御家人が頼朝以来の特権的身分を奪われることと捉え反発、また、地方への権限移譲は、幕府特権的支配階層が権限を犯されると反発、反安達派が立ち上がる。中心となったのが平頼綱であった。

②　1285年11月17日　霜月騒動

安達泰盛の嫡男宗景に将軍への野心ありとの風説が流れ、平頼綱が執権貞時から安達氏追討の下知を受けて泰盛邸を急襲。鎌倉市街戦となり、将軍御所炎上、泰盛、宗景を始めとして安達氏に味方した御家人５００余人が討死、自害。弘安徳政は潰え、平頼綱を頭とする御内人集団勢力が伸長。

同じ頃、泰盛の代官として肥後に下向していた安達盛宗が少弐景資と共に岩門城で挙兵、景資の兄の筑前守護少弐経資《つねすけ》と肥前守護北条時定に鎮圧された（岩角合戦）。

これらの戦で生じた没収地も御家人への恩賞として配分された。

③　平頼綱（平禅門）

１２８６年７月　鎮西談義所設置（九州の訴訟専門機関　鎮西探題へと発展）。

頼綱は、時宗政権の継承を標榜。異国警護、悪党禁圧、人材登用、訴訟の迅速化、訴訟における讒言・有力者の介入禁止など、2年程は政治改革に努めたが、頼綱に衆望はなく成果は上がらなかった。その後は、御内人への権力集中、賄賂横行、訴訟遅延、執権無視の態度を示す。

1287年6月5日　将軍惟康が中納言、右近衛大将に補任。10月4日　親王に立てられ、二品に叙せられる。

6月　連署業時辞任、病没。宣時《のりとき》を連署とする。

10月21日　後宇多が譲位、皇太子熙仁が即位して伏見天皇となり、父の後深草院政開始。

1289年4月25日　伏見の皇子胤仁親王立太子（2歳）。政権は大覚寺統から持明院統へ移った。この即位、立太子に頼綱が関与、持明院統を背後に持つことで自らの力の維持を図ったとされる。

10月　後深草の皇子久明《ひさあきら》（16歳）が征夷大将軍宣下を受け鎌倉へ下向。惟康（26歳）はそれより前に入洛、出家。

平頼綱（禅門）滅亡、貞時の治世、嘉元の乱

・1293年4月13日　関東大震災、鎌倉死者13000人余。

・１２９３年４月22日　平禅門の乱。

頼綱の嫡子宗綱が、父頼綱が弟資宗を将軍に就けようと謀反を企んでいると貞時に密告。貞時は武藤七郎などに命じて早朝に頼綱邸襲撃。頼綱、資宗自害、一族郎党93人滅亡。

頼綱滅亡により貞時（23歳）の独裁体制となり、意欲的に政務に取り組む。

・１２９３年10月　引付廃止、訴訟は全て貞時裁決とする。翌年10月　全て親裁は実行不可能で引付復活、重要案件の裁決のみ親裁とする。

２人の従弟、師時（叔父宗政の子　４歳下）、宗方（叔父宗頼の子　７歳下）を重用。

・１２９７年（永仁５年）３月６日　永仁の徳政令

元寇での軍事動員、異国警固役、石築地修築、兵糧米などの負担増、一方、元寇戦の恩賞は十分でなく、九州を中心とした西国の御家人は窮乏化、不満が募っていた。徳政令は、御家人の窮乏救済のため、それまでの売買、質入れ地の無償返還と貸借関係の破棄を命じた。適用資格を御家人に限定、適用期間はほぼ1年。しかし、この徳政令に借上（高利貸商）等が猛反発、借上は御家人に融通中止。金融の途を閉ざされた御家人の不満を増大させた。

・１３０１年８月　貞時は従弟で娘婿の師時に執権職を譲り、出家。連署も宣時から時村に交代。

・嘉元の乱
4月22日　貞時邸焼失、師時邸に移る。23日　貞時の命令と称する武士軍団が連署北条時村殺害。5月2日　時村襲撃は間違いであったとして襲撃の将11人を斬首。4日　時村襲撃は宗方の陰謀との噂に対処する評定を師時邸で開いている処に宗方襲来、宗方討死。
貞時は自分に抵抗する北条庶家の最長老時村を殺害、抵抗勢力を封じようとしたが、時村殺害の反発が予想以上に強かったため討手を殺害せざるを得なかったのではないかと見られているが、真相不明。
7月22日　連署に宗宣就任。
嘉元の乱以降、貞時は連日酒宴に耽り、寄合にも出席しなかった。
・1308年　久明将軍帰洛（34歳）、嫡子守邦親王（9歳）将軍任官。
1309年1月21日　貞時嫡男成壽丸元服（7歳）、北条高時を名乗る。貞時は、高時の乳母の夫の長崎高綱を得宗家執事とし、安達時顕の娘と高時を娶せ、高綱、時顕の2人が高時を支える体制とした。
1311年9月　師時没（37歳）。10月26日　貞時没、41歳。

3　時代の変わり目への流れ

幕府体制

この頃になると、幕府の評定衆、引付衆を出す家格の家は、北条、長井、摂津、二階堂、三善、清原、安達、佐々木、宇都宮、後藤の10氏、御内人についても得宗家公文所の要職につける家は、長崎、諏訪、尾藤、それに準じる家として工藤、安東に限られ、彼等は一般の御家人に対し支配者（特権的支配層）として臨んだ。

これらの特権的支配層は、武士として大族とは言い難い出自の者が大半で、幕府高官になったことで所領を獲得した。源平合戦、奥州合戦、承久の乱などで敵からの没収地を分与されたが、彼等の所領は分散しており、点の集積であった。所領は代官支配で経営、自らは鎌倉に居住する都市領主で、在地との結びつきは希薄、存続基盤に脆いものがあった。これに対し、幕府成立以前から大所領を有していた東国豪族領主（小山氏、宇都宮氏など）、西国守護豪族（東国御家人で鎌倉中期以降西国の所領に移住、在地領主化した薩摩の島津氏、筑前の少弐氏、豊後の大友氏など）は、幕府の中央特権的支配層にはなれなかったが、鎌倉の外に実力の源泉となる基盤拠点を持っており、それ故に、後の時代に存続、活躍している。

特権的支配層は50―60家程度（うち北条氏系20家）、全御家人の2・5―3％に過ぎず、特権的支配層の固定化と権力集中、不平等化の進行、元寇で窮乏化した御家人、非御家人の不満が鎌倉幕府崩壊の要因に繋がっていく。

所領相論

鎌倉時代の所領相論（訴訟）は本所地頭間相論、遺跡（相続）相論、境界相論があるが、遺跡相論が頻発、深刻化する。

武士は、将軍への忠誠による所領給付、支配地内での開発による農地拡大により所領を増やしてきた。しかし、所領の新たな給付は限られたものとなり、農地開発も最盛期は12世紀から13世紀で、13世紀末には当時の技術水準で開発可能な土地はほぼ開発し尽くされる。

所領相続は子の分割相続が慣行で、相続により所領の分割が続き、所領が細分化され、分割相続が難しい状況となってくる。それでも分割相続の慣行は残り、15世紀半に単独相続の慣行が出来るまで遺跡相論が頻発している。

悪党の発生

鎌倉後期には地頭に横領されて荘園を失う本所、本所と派遣した荘官の対立の多発、本所の荘園移譲、本所に罷免される荘官など荘官の地位の不安定化、流動する事態が多く現れる。彼等は現地で紛争を起こし、刈田、打ち込み、略奪などの実力行使に及び、悪党と呼ばれる存在となり、更に、他人の紛争解決も請け負うようになる（悪党とは、荘園領主や幕府の立場からの呼称である）。

13世紀中頃から悪党の活躍が目立ち始め、14世紀に入ると港湾、流通、金融に手を伸ばし、幕府はその鎮圧に手を焼いた。略奪後、本所一円地（不輸不入特権のある荘園）に逃げ込み捕縛できない事態が多発したことから、１３２４年2月　幕府は本所一円地への守護の介入公認、悪党追捕徹底を期している。

１３２０年代には悪党と幕府・六波羅討伐軍が各地で戦う事態が生じている。河内の楠木氏、播磨の赤松氏、伊賀の黒田党などが有名で、播磨では悪党事件多発が記録に残されている。

第8章

鎌倉幕府の滅亡

1　北条高時の時代

高時の執権就任

1311年9月　執権師時没（37歳）。10月　得宗北条貞時没（41歳）。高時得宗、宗宣執権、連署熙時《ひろとき》就任。

寄合衆の長崎高綱（円喜　平頼綱の従弟の子）と安達時顕（安達泰盛の弟の孫、時顕の娘が高時の妻）の2人が幕政運営の中心となった（霜月騒動、平禅門の乱で一族が大きなダメージを受けたが復活）。

1312年6月12日　執権宗宣没（54歳）。熙時就任。

1315年7月　執権熙時没（37歳）。基時執権、貞顕連署就任。

1316年　高時執権（14歳）、連署貞顕就任。以降、10年間続く。

皇位継承を巡る争　文保の和談

・1298年7月　伏見は後伏見に譲位。

8月　後宇多の皇子邦治立太子、次の院政の主は後宇多（大覚寺統）と決まる。

1301年1月　亀山が幕府に働きかけ、後伏見譲位（14歳）、邦治が即位して後二条天皇。後宇多院政となった。後宇多院政には父の亀山の意向が強く反映したとされる。
８月　幕府の口入れで持明院統の伏見の皇子富仁《とみひと》（後伏見の弟）立太子（５歳）。
１３０８年　後二条没（24歳）。富仁が即位して花園天皇（12歳）。伏見院政となる。後二条の皇子邦良が３歳と幼少であったことから、後宇多の皇子尊治（21歳　後二条の弟後醍醐）が立太子。尊治は後二条の皇子邦良に皇位を伝えるための中継と認識されていた。

・１３１７年（文保1年）４月　文保の和談

後宇多（大覚寺統）が花園（持明院統）の譲位を幕府に働きかけ、両統迭立の実態を踏まえ幕府案が示された（交互に即位が規定路線とは言えず、幕府との駆け引きを優位に運んだ方が政権を握るのが実態）。

ｉ　在位10年となる明年、持明院統の花園天皇は譲位（後伏見院政）、大覚寺統の東宮尊治親王が即位（後宇多院政）する。

ⅱ　以降、在位10年で両統が交互に天皇に即位する。

但し、尊治親王の次は、同じ大覚寺統の邦良親王（後二条の皇子）、その後に持明院統の量仁《かずひと》親王（後伏見の皇子）即位とする。

伏見法皇が邦良より量仁親王の立太子を先にすべきと主張、協議は整わなかったが、幕府が両統の和談を勧告したことから文保の和談と称される。

9月　伏見法皇没。
・1318年2月26日　尊治親王が即位して後醍醐天皇（31歳）。皇太子は邦良親王。後宇多上皇は真言密教に傾倒、1321年　政務（院政）を後醍醐に譲って隠棲（1324年没　58歳）。後醍醐親政となる。

奥州安東氏の乱（1320年―28年）

安東氏は北条義時以来、蝦夷管領（津軽に拠点を置き奥羽、渡島支配）に任ぜられ世襲してきたが、鎌倉末期には、十三湖の福島城に拠る嫡系の津軽安東氏（季長《すえなが》　太郎家　下国《しもつくに》）と出羽に本拠を置く庶系の秋田安東氏（季久《すえひさ》　五郎家　上国家《かみつくに》）に分かれ、対立関係にあった。

季長、季久から所領を巡る訴訟を持ち込まれた北条高時の内管領長崎高資《たかすけ》が双方から賄賂を受け取り、其々に都合の良い裁許を与えたことが争いの因となった（1320―22年）。

1325年　得宗家が蝦夷管領季長を免じ、季久を任じたことから季長が幕府に反乱。1326年　幕府は工藤祐貞を派遣、安東季長を捕縛、鎌倉へ帰還するが、季長の郎党達が蜂起。1327年6月　幕府は宇都宮高貞、小田高知を追討使として派遣、季長系の安東秀兼を誅殺するが、騒乱は収まらなかった。１３２８年10月　季長側に旧領を認めることで和談が成立して騒乱は終わった。紛争を容易に制圧出来ず、幕府の弱体化が露出、後醍醐が討幕の機会到来と考える一つのきっかけとなったとされる。

高時の執権辞任とその後

１３２６年３月　病のため高時（24歳）執権辞任、出家、崇鑑と称す。連署の北条（金沢）貞顕が執権に就任するが、高時の弟の泰家、安達時顕の反対で10日で辞任。北条（赤橋）守時が執権（32歳）、北条（常盤）維貞が連署（42歳）就任。維貞は１年半で病没（42歳）、１３３０年７月茂時《もちとき》（煕時の子）が連署就任。

１３３１年７月　高時は得宗家執事長崎高資の討伐を企て、失敗。高時は闘犬、田楽、酒に溺れ、正気でない人物とされる。

２　鎌倉政権下の後醍醐天皇

後醍醐天皇登場

・１２８８年11月２日生まれ、後宇多の第２子。母は藤原氏の傍流参議五辻忠継《ただつぐ》の娘の談天門院忠子《ちゅうし》。

1308年　花園天皇（持明院統）の東宮（21歳）。

1318年　即位（31歳）。皇太子は兄の後二条の皇子の邦良親王。その後は後伏見の皇子の量仁親王と決められていた。

文保の和談により、皇位を自分の皇子に継がすことが出来ない束縛があったこと、自らの在任も10年とされていたことは、後醍醐の討幕の動機の1つとされる。

・後醍醐は学力文才に優れ、また、後宇多の影響を受け密教に傾倒、自らも祈祷を行い、空海、聖徳太子を敬ったとされる。当時、祈祷は現実的な効力を現すと信じられていた。

宋学を学び鎌倉幕府打倒、天皇親政を目指し、綸旨万能、天皇以外の権力、権威を否定する考えを持つ。皇后は太政大臣西園寺実兼の娘の嬉子《きし》。阿野公廉《あのきんかど》の娘の新待賢門院廉子《れんし》（1301―59年）を溺愛、皇后に準じる准后《じゅんごう》とし、廉子は政治、人事に介入。精力盛んで20人の后妃に32人（男17人、女15人）の子があった。

後醍醐親政

①　施策の展開

後醍醐は、父後宇多の早期の退場で実権を握り親政。

１３２２年　洛中酒鑪役賦課令《らくちゅうしゅろやくぶかれい》―寺社権門の支配下にあった酒屋を朝廷の支配下に入れて課税。
洛中地子停止令―公家・寺社の洛中から地子（地代）徴収禁止。
神人公事停止令《じにんくじちょうじれい》―商工民の寺社への公事納入をやめさせ、天皇に直属する組織に再編。
１３３０年　諸国新関停止令―近江の大津、河内の葛葉以外の新関を禁止、通行税徴収廃止。
５月　米価高騰に対して洛中の米価を宣旨枡1斗につき銭百文に公定など京都の商業流通統制。
精力的に施策を展開。また、記録所の法廷に臨席、当事者の話を聞くなど訴訟にも積極的に取り組んだ。

②　能力ある者を抜擢

・１３２２年　検非違使庁別当に北畠親房、蔵人頭（天皇の秘書役的存在）に下級公家出身の日野資朝登用、１３２３年　親房の次の検非違使別当とした。真言密教のなかで異端とされた僧文観（１２７８―１３５７）重用。
・北畠親房は、１２９３年　北畠師重《もろしげ》の嫡男として生まれた公家衆。後醍醐の皇子世良《よよし》親王（１３３０年没）の養育役であったが、皇子は早世。１３３０年に38歳で出家。１３３

1年以降の後醍醐の幕府打倒の動きには参加していない。嫡男顕家の奥州下向随行で再登場、以降、後醍醐の側近重臣として活躍。

・六波羅探題伊賀兼光を味方に引き込む。また、中央の有力寺院、特に比叡山延暦寺の兵力に期待、取り込みを図った。

後醍醐の討幕策謀

1324年（正中1年）9月　正中の変　後醍醐は側近の日野資朝等と無礼講と称する遊宴会を開き、それを隠蓑に討幕謀議。北野祭の9月23日、祭で六波羅勢が手薄になる隙を狙って討幕の挙を起こそうとしたが、近臣が密告。側近の日野資朝が首謀者として捕えられ鎌倉に送られた。後醍醐は、自分は謀議には無関係と主張、不問に付された。

1326年から4年間、中宮のお産の祈祷と称し関東調伏の密教秘儀。

1326年3月　皇太子邦良親王病没（27歳）、持明院統の量仁親王立太子。持明院統側は後醍醐譲位運動を展開。

1327年12月　皇子尊雲（護良）を天台座主とし、比叡山僧兵を味方に付けることを図る。

1331年4月（元弘1年）　元弘の変　後醍醐、再度の討幕謀略。側近の吉田定房

（後醍醐の乳母夫）が後醍醐自滅の危機と感じ、後醍醐を救おうと密告。首謀者日野俊基、律僧文観、円観捕縛、鎌倉に送られ、俊基は兄の資朝（佐渡流罪中）とともに斬殺、文観、円観は流罪、後醍醐は不問に付された。

８月24日　後醍醐は三種の神器を持って内裏を出奔。比叡山に行くと見せかけて山城南部の笠置山頂の笠置寺に入り籠城。

９月初旬　大仏貞直《おさらぎさだなお》、金沢貞冬、足利高氏（27歳）等の大軍が後醍醐追討のため鎌倉発。

９月18日　量仁皇太子即位して光厳天皇（19歳）。後伏見院政開始。

９月28日　笠置寺陥落、後醍醐は赤坂城を目指すが、９月30日に捕えられ、10月３日六波羅へ送られた。後醍醐は、再び、自分は無関係と弁明。10月６日　後醍醐が所持した神器を光厳に渡す。

９月　河内で楠木正成挙兵、河内赤坂城に拠るが、10月21日　陥落。行方を眩ます。

11月８日　大覚寺統の邦良親王の子の康仁《やすひと》が立太子。

１３３２年３月７日　後醍醐　隠岐に配流（阿野廉子、千種忠顕随行）、皇子の尊良親王は土佐へ、尊澄（宗良）親王は讃岐へ配流。

後醍醐の皇子尊雲親王（比叡山天台座主、還俗して大塔宮護良《もりよし》親王）は、元弘の変で後醍醐比叡山臨幸が伝えられると山門の衆徒を率いて六波羅探題を攻撃、臨幸が虚報と分かり衆徒四散。以降、大和の十津川、吉野、紀伊熊野など紀伊半島南部の山岳地帯に潜む。

1332年11月に還俗、吉野で挙兵、ゲリラ戦を展開。北条高時討伐令を頒布。千早城で楠正成再挙。諸国の反幕府活動が急速に展開。

3　反北条の動きの展開、六波羅探題・鎌倉幕府の滅亡

西国の反北条の動き展開

1333年閏2月　後醍醐は隠岐脱出、出雲から伯耆に入り、名和長年に迎えられ船上山に立て籠もり、隠岐守佐々木氏の攻撃を退ける。朝敵追討の宣旨発出。各国の武士団が後醍醐側に参戦。

楠正成は、1332年赤坂城陥落後、金剛山千早城に拠り、山岳ゲリラ戦を展開。吉野、十津川、宇多地方の野伏が千早城を助け、幕府側は兵力損耗。

1333年には赤松則村が護良親王の令旨に応じ、播磨で挙兵。六波羅軍と攻防、3月京都七条まで攻め込むが撃退され、山崎付近に拠点を置き、4月にも京都に攻め込むが撃退される。

3月　菊池武時《たけとき》が鎮西探題を攻め幕府方に討ち取られる。吉見頼行が長門探題襲撃。

４月８日　後醍醐側近の千種忠顕が京都に攻め込むが撃退され、八幡に撤退。

足利高氏の離反、六波羅探題滅亡

・１３３３年３月27日　北条（名越）高家、足利高氏を将とする鎌倉幕府の反乱討伐軍が鎌倉発、４月16日京都着。

高氏は、幕府の求めで妻赤橋氏と嫡子千寿丸（義詮）を鎌倉に留める。

高氏は、母の上杉清子の下で京都文化の素養、特に和歌を学び、また、鎌倉御家人で京都に通じた二階堂道蘊《どううん》、佐々木道誉《どうよ》と交流、元弘の乱討伐の上洛の際、畿内の状況、幕府に公然と反抗する人々を実見、戦乱再開にあたって北条政権からの離反を考えたと見られている。上杉憲房《のりふさ》（高氏の母清子の兄）も高氏に後醍醐方への味方を勧め、高氏が山陰道から伯耆船上山へ向かう４月下旬、憲房の子の重能《しげよし》も後醍醐への味方を勧めた。高氏は上洛の途上で後醍醐に反北条の意を伝え、後醍醐が「諸国の官軍を率い、以て国賊を滅せ」と勅《みことのり》したと伝えられる。

名越高家は山陰道から、足利高氏は山陽道から伯耆船上山に向かう。４月27日　京都の久我縄手《くがなわて》で高家は赤松軍に遭遇、戦死。高氏は４月29日　所領の丹波国篠村八幡宮で所願成就祈願文を掲げ、幕府に反旗（29歳）。挙兵と同時に、陸奥の結城宗広、信濃の小笠原貞家、薩摩の島津貞久など全国の有力武将に自軍参加を要請する軍勢催促状を発したとされる。足利高氏が離反したことで多くの御家人が鎌倉幕府から離反。

5月7日　山陰道方面から高氏、八幡・山崎方面から千種忠顕・赤松等が京へ攻め込む。六波羅探題北条（普恩寺）仲時（執権基時の子　28歳）、北条時益は光厳天皇を擁して鎌倉に下ろうとしたが、5月7日　時益は流矢に当たり落命、5月9日　仲時は近江番場宿（米原市）で野伏の大集団に行く手を塞がれ、自害、一族郎党430余人自刃。六波羅探題滅亡。

・5月25日　九州の鎮西探題北条（赤橋）英時（執権守時の兄弟）が少弐貞経、大友貞宗、島津貞久等に攻められ滅亡。

鎌倉幕府滅亡

・新田義貞は護良親王の令旨、後醍醐の綸旨を受け、楠木正成の籠る千早城攻から新田に帰る。

1333年4月　楠木正成討伐の戦費調達のため鎌倉幕府が派遣した徴収使を地元で義貞が斬殺。5月8日　新田荘生品神社で義貞挙兵。義貞の下には舎弟の脇屋義助、大舘氏、堀口氏といった一族の人々、岩松経家、里見義胤、江田光義、桃井尚義などが集まる。

5月11日　小手指原（所沢市）、5月12日　久米川（東村山市）で幕府軍を破り武蔵国府に攻め込む。5月15日、16日武蔵国分倍河原（府中市）で北条高時の弟の泰家軍を破り、鎌倉を目指す。これが転機となり多くの御家人達は幕府攻撃側に転じる。

新田氏は鎌倉時代には足利一門となっており（後述）、義貞の挙兵は尊氏の指示によるとの見解もある。

・足利高氏の嫡子千寿丸（４歳　義詮）は鎌倉で人質となっていたが、5月2日　鎌倉脱出、下野へ逃れ、12日に紀政綱、世良田満義に擁立され、世良田で蜂起、新田軍に合流。世良田氏への尊氏の指示によるとされる。千寿丸の下に御家人が集まる。

・5月18日　新田軍は執権北条（赤橋）守時軍を州崎に破る。守時自害。

義貞は三道（小袋坂、化粧《けわい》坂、極楽寺坂）から鎌倉突入を図るが苦戦、5月21日夜半干潮時を利用して稲村ヶ崎から鎌倉へ侵攻、材木座北方に布陣、鎌倉の西北隅からも新田勢侵入。北条方と激戦、勝利。

22日　鎌倉東勝寺で北条高時（31歳）、長崎父子、北条（金沢）貞顕、安達時顕等北条一門と家人８７０余人自害。鎌倉幕府滅亡。鎌倉で６千余人の北条方武士が死亡したとされる。最後の将軍守邦親王は5月22日出家、８月16日没（33歳）。自害ではないとされる。

鎌倉陥落後、高氏は千寿丸を支えるため細川和氏、頼春、師氏兄弟を派遣。義貞は上洛、鎌倉は足利氏の勢力下となる。義貞が鎌倉で足利氏と争った形跡はない。

4　鎌倉幕府崩壊への途

鎌倉幕府体制の変貌と揺らぎ

・鎌倉幕府の支配体制は

i　頼朝の幕府創設、将軍頼朝の時代

ii　将軍の乳母夫（比企能員、北条時政・義時）、母政子が主導した時代（頼家、実朝）

iii　北条泰時の合議による治世

iv　北条本家（得宗）専制の時代

と変遷しており、北条氏支配確立の過程で、北条氏と同格であった有力御家人は粛清され、御家人に求められるのは将軍家への忠誠から北条得宗への忠誠へと変わった。しかし、元寇の戦で、奉公への恩賞が満足出来るものではなかったことで御家人の得宗への忠誠が揺らぐ。

北条や御内人に不満を持つ足利・新田などの御家人層、楠木・赤松などの悪党・非御家人層、得宗専制で没落させられた人々の子孫、延暦寺などの有力寺社など北条支配に不満を持つ層が同床異夢ながら後醍醐の討幕に一斉に参加した。楠木正成の1年半にわたる山岳ゲリラ戦で、参戦させられた幕府軍が千早城を落とせず、厭戦気分が広がったことも鎌倉幕府崩壊のきっかけとなった。

・鎌倉時代を通して朝廷の鎌倉幕府への反撃は後鳥羽と後醍醐によるものの2度あり、前者は失敗、後者は成功した。前者は幕府の御家人掌握がしっかりしており、幕府・御家人の結束の前に後鳥羽は敗れた。後者は幕府と御家人の関係に亀裂が生じ、後醍醐が勝利、幕府は滅んだ。しかし、後醍醐は、後述のように多くの武士の支持を継続させることは出来なかった。

土地支配、社会情勢の変化

・鎌倉時代、地頭に任じられた御家人は耕地開発し所領を増やす一方、与えられた検断権(司法警察権)を梃に在地の荘園の民を隷属させ、勢力を拡大した。

下地中分といって、耕地の何割かを荘園領主から地頭が取得する。請所といって、荘民が荘園領主に納める年貢の納入を地頭が請け負い、荘園主は荘園管理を地頭に委ねることが行われるようになる。やがて、地頭は所定の年貢を荘園主に納めなくなり荘園領主崩壊の事態が生じるが、鎌倉時代は荘園と公領が併存する荘園公領制の時代であった。

・経済は、13世紀を通じて宋銭の輸入が増大、流通が拡大、12世紀後半には取引手段は銭が米に代わる。米穀の地方市場が成立。殆どの取引に銭が使用されるようになった。
・御家人など在地領主層は分割相続を行ってきたが、新恩給付がなくなり、耕地開発も行き詰まる13世紀末には所領拡大が困難となり、相続により所領は細分化、経済的に困窮する御家人が増える。更に、元寇で戦役参加のため所領の質入れ、売却が行われ、1297年の永仁徳政令は御家人の売却地取り戻しのためであったが、結果は、所期のものとはならなかった。

5 尊氏、義貞、正成の出自

足利氏

① 鎌倉時代の足利氏

・足利の祖は源義康（義家の孫、義国の子）。下野国足利を本拠地とし、義康—義兼—義氏—康氏—頼氏—家時—貞氏—高氏（尊氏）と続く。
足利荘は義国が父義家から遺産として譲られた開発私領であった。初代義康の妻は熱田大宮司範忠の娘で頼朝の母の血縁にあたる。

2代義兼は、鎌倉に入った頼朝の下に、早々に参じた。頼朝の計により北条政子の妹の時子を妻としている。義兼は、平氏追討戦で頼朝軍の主将の一人として活躍、幕府に重用され、三河、上総の守護となるほか、陸奥、美作など各地に所領を持った。

1219年　実朝暗殺後、三代義氏（北条泰時の娘婿）は北条氏執権体制に協調。武蔵国司就任。1240年　北条時房の死去で執権は北条泰時一人となった翌年、安達義景《よしかげ》と共に政所別当を務めている。

・足利本宗家（義国流清和源氏の嫡流）の幕府内の地位は得宗家に次いだ。義兼から康氏までの3代は得宗家から、それ以降も高氏に至るまで北条庶家から妻を迎えている。

今川貞世の『難太平記』によれば、義家の遺言書に「我7代の孫に生まれ変わり天下を取る」とあったが、7代の家時は自分が天下を取れる時期ではないとして自害、「3代のうちに天下を取らせて欲しい」と八幡大菩薩に祈願、その3代目に当たるのが高氏であるとする。家時は25歳で自殺は事実であるが、この逸話は史実としては否定されている。

②　**足利高氏（尊氏）**

・高氏は、1305年　貞氏を父に、上杉清子を母として誕生。直義（高国）は1歳違いの同母弟。母の清子（1270年生まれで貞氏の3歳年上）は貞氏の側室で、高氏兄弟は庶子であった。清子は上杉頼重（丹波国上杉荘を本拠とする在地領主）の娘で京都文化を知る教養人、その影響で高氏、直義（高國）は和歌をよくし、後醍醐の目にとまったとされる。清子の妹は高師泰（師直の兄弟、兄説、弟説双方ある）の妻となっている。

・貞氏の正室は金沢顕時の娘で、彼女を母とする高義が嫡子で家督を継いだが、1317年に早世（21歳）、父の貞氏が家督に復帰。高氏は13歳で嫡子となり、15歳で元服したが、家督を継承したのは1331年9月5日に父貞氏没（59歳）による。

高義、高氏、高國の3人は北条高時の「高」を拝領しており、貞氏と高時との関係は良好であったことを推察させる。

・高氏の妻は16代執権の赤橋守時の妹の登子《とうし》（1306―65年）、2人の子が義詮《よしあきら》。

高氏は物事に拘泥しない性格である一方、無定見でお調子者とも言われる。鬱状態に陥ることがあり、その時は判断ができなくなるという躁鬱型の人物であったともされる。

弟の直義は、法と論理を重んじる謹厳な性格で、教養人でもあった。2人は仲の良い兄弟で、兄弟ともに夢窓疎石と親しく、種々相談、助言を受けている。

新田氏

新田氏の祖は源義重（義家の孫、義国の子）。足利氏、新田氏とも義国を祖とする。義重―義兼―義房―政義―政氏―基氏―朝氏―義貞―義宗・義興・義顕と続いた。

新田氏は上野国新田を本拠地とする。新田氏は八幡荘を本拠としていたが、新田荘の開発領主となり、これを権門勢家に寄進（本家は後白河、領家は藤原忠政）、１１５７年（保元2年）義重は新田荘下司となった。義重は本領を八幡荘から新田荘に移し、新田氏が成立。新田荘の規模は田２９６町、畠１００町、在家１０８宇。

新田義重は保元の乱後、平家家人となり在京。源氏蜂起で関東に戻り、反平氏として関東の覇権争いに加わった。頼朝が富士川の戦勝利、常陸を勢力下に納め関東に勢力を確立、義重の許に頼朝への帰順を促す使者が訪れ、義重は鎌倉に参じ、頼朝家人の一員となった。義重は頼朝への臣従が遅れたことで、源氏の遺老として認められはしたが、頼朝に重く用いられることはなかった。１２０２年没（88歳）。

2代義兼は頼朝との関係改善に努力。足利義兼に接近、娘を足利義兼の息子の義純《よしずみ》に嫁がせている。

3代義房は早世。4代政義は足利義氏の娘と結婚、政氏をもうけ、足利本宗家の一員に準じた立場となったが、京都大番役で在京中に突然無断で出家、これを咎められて失脚。以降、新田氏は足利本家の庇護で御家人として存続する存在となった。

義貞は朝氏の嫡男、高氏より4歳年長。幕命により千早城攻めに加わったが、護良親王の令旨、後醍醐天皇の綸旨を受け、千早城攻撃軍を抜けて新田に帰り、蜂起した。

楠木正成

楠木氏は、河内で交通の要衝にあって商業活動で富を蓄積。

正成は、和泉国若松荘（大阪府堺市南東部）の荘官であった。若松荘は京都臨川寺の荘園となったが、正成は以前の持主の醍醐寺報恩院僧正道祐《どうゆう》から荘官に任命されており、臨川寺の支配を認めず、臨川寺からみて当時の「悪党」と呼ばれる存在となった。

道祐は後醍醐側近の文観と密接な関係があり、正成はその人脈で後醍醐との関係が出来たものと推測されている。後醍醐の隠岐配流中、護良親王と連携、赤坂、千早など畿内の山間で幕府軍と戦い、幕府軍を翻弄した。

第9章

鎌倉仏教の興隆

1 鎌倉新仏教

12世紀後半の保元、平治、治承・寿永の乱（平氏滅亡）の頃、仏教のいう末法到来は現実味を帯び、鎌倉時代に、浄土宗、浄土真宗、臨済宗、曹洞宗、日蓮宗などの鎌倉新仏教が生まれた。平安初期9世紀初頭に最澄、空海が天台、真言宗を拓いて以来の仏教の新しい展開である。

仏教は殺生禁断を謳う。殺人を職とする武士にとって、念仏を唱えれば許される仏教の出現は時代の要請でもあった。それまでの仏教は鎮護国家を標榜、国家の宗教の座にあった（加持祈祷を行い、天皇、国家、朝廷の安穏を祈願）。仏教界の主流は延暦寺（鎌倉仏教の開祖達は比叡山で修行している）、興福寺などの京都、奈良で、鎌倉新仏教は主流旧仏教から弾圧を受け、東国で布教された。

鎌倉新仏教の共通点として以下のことが指摘されている。

i　国家の祭祀ではなく個人救済のための宗教で、信徒の多くは地方の武士や社会的には中下層に属する人々。

ii　来世の保証によって現世の活動に向かわせる点で現世的思考を持つ。

iii　南無阿弥陀仏、南無妙法蓮華経を唱えるだけという修行の簡略化により、一般庶民が入信出来る。

iv　臨済宗を除き有力者の庇護に頼らず、僧侶は信者層の喜捨により生計を維持。

２　新仏教の宗派

法然の浄土宗

法然房源空は１１３３年に美作国稲岡荘の武士漆間時国の子に生まれた。合戦で父が討たれたのを契機に比叡山に入り（13歳）、天台宗を学ぶ。１１７５年　43歳の時に専修念仏を確信。比叡山を下り東山吉永に住み、民衆救済を目指した。無量寿経、阿弥陀仏に着目、念仏のみが救済を齎すと教える布教活動に入る。この年が浄土宗立宗の年とされる。

比叡山、興福寺の訴により、１２０７年　専修念仏停止の宣旨が出され、門弟４人死罪、法然は讃岐に流されたが（建永２年　建永の法難）、教えは法難を経て急速に社会に広まった。１２１１年　赦免され京都に戻り、一枚起請文を著す。起請文は「南無阿弥陀仏を唱え救いを一途に求める」ことを説く。１２１２年没（80歳）。

親鸞の浄土真宗

１１７３年　下級貴族の子として生まれ、１１８１年に9歳で出家、比叡山へ。１２０１年　法然を訪れて帰依。妻を持ち、在家のまま信仰生活を送る途を拓いた。１２０７年　還俗させられ、越後に流罪。１２１１年　赦されるが越後に留まる。１２１４年　妻の恵心尼と２人の子を連れて常陸笠間に移る。１２３２年　京都へ。１２６２年　没（90歳）。

凡夫は自分で悟を得ることは出来ないが、阿弥陀仏を信じることで浄土へ往生出来ると説いた。主著に「教行信証」。唯円の著した「嘆異抄」にある悪人正機説「善人なおもて往生をとぐ、いわんや悪人をや」は有名。

臨済宗の栄西

備中吉備宮の神主の子で１１４１年生まれ。14歳で比叡山へ、その後、伯耆大山で修行。１１６８年　博多から宋に渡る。１１８７—１１９１年　再度、宋へ留学。帰国後、京都で禅宗を布教。比叡山の訴で布教を禁ぜられ、「興禅護国論」を著す。１１９９年　鎌倉へ。北条政子、実朝の信頼と帰依を受ける。政子の整備した寿福寺の長老となり、その後、幕府の援助で京都に建仁寺を建立。栄西は養生の重要性を強調、茶が養生に最適として広く茶を勧め、日本に喫茶の習慣が生まれたとされる。

曹洞宗の道元

1200年　山城に生まれる。名門貴族（父は内大臣）の出身。父を早く失い、1212年　比叡山へ。1223年　宋へ留学、1227年　帰国。建仁寺に拠り、座禅こそ仏法の神髄とする。1230年　建仁寺を追われる。1243年　越前へ、1244年　永平寺に入る。1247年　北条時頼の招きで鎌倉へ、その後、越前に戻る。

その語る処を記したのが『正法眼蔵』。身体を整える養生は大事だが、行道が先であって養生を先としてはならないと説く。

忍性の真言律宗

既存仏教を批判、出家戒の授戒を自らの手で行った覚盛、叡尊が現れ、それを継いだ弟子の忍性（1217―1303年）は民衆への布教に才覚を示し、鎌倉に極楽寺を建立。

忍性は鎌倉を拠点とし、幕府から由比が浜の支配権を獲得。浜での関銭・漁民から漁労税の徴収などにより財源を得て、非人、貧民、らい患者などを救済、また、架橋などで幕府からインフラ整備の官寺的扱いを受けるようになる。朝廷の信任を受け、諸国の国分寺再建を命じられ、これを末寺化する。元軍撃退の呪法も叡尊、忍性の呪法によるものとされる。忍性と日蓮との間には確執があり、幕府の日蓮処罰は忍性の申出によるものでもあったという。

日蓮の日蓮宗

・1222年　安房に生まれる。1233年　天台宗清澄寺に入る。1239年鎌倉へ、1242年　比叡山へ。さらに諸宗を遍歴し再び比叡山へ、その後、清澄寺に戻る。清澄寺を退出、1253年4月28日　法華経信仰の布教を始める。この日が開宗の日とされる。

多発する天変地異は法華経信仰の衰退によるとして、南無妙法蓮華経を唱え、法華経至上主義で他宗を非難。信者に下総国守護千葉寄胤に連なる武士達を得、1257年初頭まで鎌倉松葉ヶ谷《やつ》に草庵、布教を展開。1260年「立正安国論」を著す。

浄土宗と争いを起こし、1261年　伊豆伊東へ流罪、2年後に赦されて安房、上総、下総を布教。他宗攻撃により、1271年　佐渡へ流罪、謀反の疑いで斬首の予定であったが助かる。1274年　北条時宗に赦されて鎌倉へ。当年中の元侵略を予告したという。甲斐の身延山に本拠を置き布教、82歳で没。

時宗

鎌倉末期に起こった浄土宗の一宗派。開祖は一遍。総本山は清浄光寺（通称　游行寺藤沢市）。当初は時衆と呼ばれた。念仏さえ唱えれば往生出来ると説く。一遍没後、時衆は自然消滅したが、他阿真教が再生、教団化、定住化を図った。游行上人は諸国遊行、賦算と念仏踊りを行った。太平記の時代、戦場に赴く武将は時衆の僧を伴う習慣があった。無聊の慰め、外科医術、葬送、情報伝達者として働いた。

第10章

後醍醐の建武新政と尊氏

1　元弘3年（1333年）後醍醐勝利、上洛、建武新政開始

後醍醐京都帰還、直後の動き

・後醍醐は六波羅陥落を船上山で知り、京都へと向かう途中で鎌倉滅亡を知った。1333年6月5日　後醍醐（46歳）は1年9ヶ月振りに京都へ帰還。光厳天皇を廃し復位、年号も正慶から元弘に戻し、官位等も全て光厳即位以前に戻す。

摂関を置かなかった10世紀前半の醍醐、村上天皇の延喜・天暦の治を理想として天皇親政、律令制への回帰、復古（徳政　あるべき古の秩序に戻る）をスローガンとした。

・6月5日　足利高氏に内昇殿を許し鎮守府将軍に、12日　従4位下　左兵衛督に任じ、弟直義を左馬頭に任じる。

・6月15日　元弘動乱終息宣言、個別安堵法布告。所領の承認は全て後醍醐の綸旨（蔵人が天皇の意を記して名宛人に直接伝えるもの）によることとする。綸旨のないものは認めず、鎌倉幕府による安堵、護良が動乱中に乱発した令旨を無効とする。土地所有の変更は全て後醍醐の決裁を経なければならなくなり、諸国の武士の猛反発を受ける。

・護良は信貴山にあって、後醍醐からの「京に戻り再び出家せよ」との命を拒み、高氏に幕府再興の意図ありとして高氏討伐の兵を起そうとした。後醍醐は護良を征夷大将軍に任

じることで収め、護良6月23日入京。
・6月末から7月には京都は、高氏の軍勢催促に応じた者、新田義貞のように軍功の認定、恩賞を求める者、旧政権下での自己の所領の安堵を得ようとする者、旧政権に没収された所領回復を目指す者など上京者で溢れる状況となる。
・7月25日　諸国平均安堵法布告　個別の綸旨による知行安堵は膨大な数にのぼり実行不可能なことは明らかで、代わって、朝敵を北条一族とその与党に限定、その他は知行地の安堵を布告。安堵は地方国衙が行うとして上京者の増加を防ごうとした。朝敵の具体適用を巡り争が多発。
・7月下旬―8月　恩賞実施　足利高氏を後醍醐（尊治）の名の一字を与えて尊氏と改名、従3位武蔵守（翌年1月正3位）、直義を相模守、義貞を上野・越前・播磨守（従4位）、北畠顕家を陸奥守、楠木正成を摂津・河内守、名和長年を因幡・伯耆守、護良を紀伊守、万里小路宣房を長門守など国司に任じる。
　恩賞は公家と一部の僧侶に厚く、また、後醍醐の寵姫阿野廉子や側近が容喙した。楠木正成、名和長年、結城親光、千種忠顕、文観などを除いては満足する者は少なく、また、公武の対立を助長した。

後醍醐の地方統治

・後醍醐は、御家人制度を廃止、守護制度については、犯罪の捜査、検挙、財産没収などの検断権（警察権）を行使する役割は必要として残し、国司の行政権と守護の検断権の両機能の活用を図った。国司には公家、守護には武家が補任されたが、国司の権限に武士は不満を持った。

・1333年10月　北畠顕家（親房嫡男16歳）が後醍醐と阿野廉子の皇子義良《のりよし》親王を奉じて奥州多賀城に下り、奥州統括（奥州菅領府）となる。顕家の父の親房も共に奥州へ下り、旧鎌倉幕府の吏僚層を登用、武士層を重視、その支持を得（結城、伊達氏などが奥羽式評定衆とされている）、2年間で奥州に勢力基盤を固めた。

・1333年12月　足利直義が後醍醐と阿野廉子の皇子成良《なりよし》親王を奉じて鎌倉へ下り、関東10国を統括（鎌倉将軍府）。

中央組織の整備

・1333年6月　記録所（天皇親政期に訴訟などを取り扱った機関）再興。公家実務官僚（甘露寺藤長、中原師右など）と側近武士（名和長年、楠木正成など）で構成、5番編成で20人程度。記録所から後醍醐の綸旨が出された。

同月　恩賞方設置　論功行賞につき審理する機関。公家官僚（吉田定房、中御門経季など）と側近武士（伊賀兼光、名和長年、楠木正成など）で構成、4番編成。

9月　雑訴決断所設置　鎌倉幕府の裁判機関の引付方に倣ったもの。所務相論（土地関係の訴訟）、武士の所領安堵、綸旨の施行などを扱う。地域別（畿内・東海道、東山道・北陸道、山陰道・山陽道、南海道・西海道）の4部とし、各地とも裁判長たる頭人（上流公家）、合議する6人程度の寄人（中下流公家）、審議官である9人程度の奉行人（武士）で構成。総勢は70人弱。決断所の判断は牒という様式の文書で通達され、綸旨があっても牒がなければ綸旨は実行されない仕組みとされた。綸旨の効力の制約、偽綸旨への対応でもあった。

武者所　天皇直属の親衛軍で、長官に新田義貞を任じ、三浦、千葉、小山、小笠原、大友、島津、楠木、名和などが所属。

検非違使庁　洛中の警察として存続。

・護良の征夷大将軍を解任。護良は幕府に近い政体樹立を構想しており、後醍醐の王政復古の政治理念と相容れなかった。解任により護良の許に集まった武士達は護良を離れ、尊氏に期待を寄せた。

尊氏は左兵衛督《さひょうえのかみ》、鎮守府将軍に任じられ、軍事部門の責任者となった。六波羅にあって、奉行所を設け、在京の武士を吸収、京の実質的支配権を掌握、武士の拠り所となってゆく。恩賞の不満、所領を巡る訴訟の遅滞と不満、綸旨の朝令暮改など新政に対する不満が尊氏への期待となっていった。

2　建武1年（1334年）　建武新政と不協和音

後醍醐の内政

1月23日　恒良《つねよし》親王（後醍醐と阿野廉子の長男　11歳）を立太子。1週間後に建武と改元。

1月　大内裏造営発議　承久の乱で焼失して以来、再建されていなかった大内裏を造営することとし、造営の財源は安芸・周防の国衙収入と全国の地頭、御家人から年貢の二十分の一を徴収することとした。地頭、御家人などから新たな負担に不満噴出。6月に造営機関の開所式は行われたが、造営実行には至らなかった。

3月　改鋳詔書発出　乾坤通宝という銅銭と紙銭を出すことを表明。8月　鋳銭長官を任命。10世紀半を最後に日本の鋳貨はなく、宋銭が流通していた。鋳貨は天皇の大権で、天皇の権威を高め、鋳造益を得ることができるが、改鋳は実現しなかった。

5月　徳政令　承久以後の土地売買は無効として売却地の無償取戻し可とし、また、元金半額弁済で借金破棄、質物、質地を取り戻せることとした。

8月　雑訴決断所を4部から8部に拡充　1部12―14人の構成で総勢107人の機関となった。奉行人に武士層を採用、元鎌倉幕府官僚が多数入った。建武2年になると機能しなくなる。

建武新政への武士層の不満

建武新政への武士層の不満は、北条氏余党擁立、挙兵となって現れる。

前年奥州北部で名越時如《ときゆき》・安達高景《たかかげ》、1334年1月には規矩《きく》高政・糸田貞義、3月には関東で渋谷・本間氏が挙兵。

6月　護良親王と尊氏の対立が表面化する。護良が尊氏を討つとの噂が流れ、尊氏は自邸の警備を厳重にし、騒動の因は護良と見て責を問うが、後醍醐は護良を見捨てる。第2の武士政権の可能性のある尊氏の存在を看過できなかった後醍醐が護良を使嗾したが失敗、後醍醐はその責を護良一人に負わせたとの見解もある。

10月22日　護良捕縛、11月　鎌倉へ流罪、幽閉（翌年7月　足利直義により殺害された）。

12月　八省の卿の全員交代　左大臣二条道平を兵部卿に、右大臣鷹司冬教を治部卿に任じるなど公卿の家格を無視した人事を行う。後醍醐は関白を置かず、議政官会議も開かず、貴族層はこの事態を「物狂いの沙汰」と批判。

3　建武2年（1335年）　北条残党の反乱、尊氏の離反

北条残党の反乱

建武2年に入ると北条氏が守護職であった国（日向、越後、紀伊、信濃、長門）や北条氏の旧領（陸奥）で北条残党の反乱が続発。建武政権に不満を持つ武士達が反乱の名分として北条氏を担いだ。

①　6月　西園寺公宗の陰謀

西園寺家（藤原北家）は鎌倉幕府の時代には関東申次の任にあり、西園寺公宗（権大納言）は元弘の変で後醍醐の取り調べ、処分決定にも関与。このため建武新政では冷遇された。公宗は持明院統の後伏見上皇を奉じ北条復権を図ろうとし、北条高時の弟の泰家を匿い、京都の将として蜂起、信濃にあった高時の子の時行と呼応して建武政権打倒を企てた。公宗の弟の公重の密告で捕えられ、出雲へ流される途中で殺害された。

②　7月　中先代の乱（20日先代の乱）

・信濃で北条高時の子の時行（北条と足利の間に時行があるということで中先代と呼ばれる）が得宗被官諏訪頼重に擁立され、信濃国で挙兵。

佐久から上野へ、利根川を渡って、7月22日　武蔵国井出沢（東京都町田市）で足利直義を破り、7月25日　鎌倉に侵攻（5万騎といわれる）。直義は義詮、成良親王と共に西走。鎌倉退去に際し、護良親王を殺害。三河国矢作宿まで退き尊氏の来援を待ち、成良は帰洛（18歳で没）。

・尊氏は北条時行征討に際し、後醍醐に征夷大将軍、総追補使任官を求めるが、後醍醐拒否。8月2日　尊氏は後醍醐の勅許のないまま、在京武士を率いて京都出発。8月9日後醍醐は尊氏を征東将軍に任命。

尊氏は、三河で直義と合流、遠江、駿河、相模で時行軍を破り、19日に鎌倉奪回。諏訪頼重自殺、時行逃走。

尊氏の離反

①　乱平定後の尊氏

乱の平定後、関東では武士政権樹立の機運が高まる。後醍醐は尊氏に帰還を命じるが、直義は上洛せずに鎌倉に幕府政権をつくるよう尊氏を説く。

尊氏は、時行に味方した武士の所領を没収、今回の鎌倉攻めに功のあった武士に恩賞として与え、鎌倉若宮小路《わかみやこうじ》の旧鎌倉幕府将軍邸跡に屋敷を新設、征夷大将軍を自称。こうした尊氏の動きは、京都では幕府再興、建武政権と対決の姿勢と受け取られた。

② 後醍醐と尊氏の戦

・11月8日　後醍醐は、新田義貞に尊氏追討の宣旨。11月12日　奥州の北畠顕家を鎮守府将軍に任じ、鎌倉の尊氏に備える。

11月18日　尊氏は、新田義貞が後醍醐に尊氏を讒言したとして、新田義貞討伐令を後醍醐に求める。

11月19日　尊良親王を奉じた新田義貞の尊氏・直義討伐軍都発。

後醍醐は護良の凋落がはっきりした頃から、尊氏の対抗者として義貞に注目、義貞も浮上の望みを持ったとされる。

・この事態に対して尊氏は鎌倉浄光明寺に籠り、後醍醐に反旗を翻すか否か迷う。討幕の恩賞として高い官職と所領を与えられ後醍醐に恩義を感じた、乃至、後醍醐に親愛の情を持っていたためと言われる。

足利軍（高師泰）が出陣するが、11月25日　三河国矢作川戦に敗れ、その後も敗戦が続き、直義の援軍が到着するが、12月5日　駿河国手越河原の戦で直義敗北、箱根に退く。義貞は伊豆国府（三島）に侵攻。（矢作宿は鎌倉時代には三河守護足利氏の守護所が置かれていた。三河・尾張は関東と六波羅探題の管轄の境界、東国と西国の境界と認識されており、戦略・交通・経済・政治的に重要な意味を持つ場所であった）。

こうした状況を迎え、直義は、「尊氏、直義以下の一類征罰。例え引退しても刑罰は免れない」との後醍醐の綸旨を偽作、尊氏に戦の決断を迫ったとされる。

11月26日　後醍醐は尊氏を解官。尊氏と決別。

尊氏は「建武政権内の不穏分子の排除」の名目で出陣を決断。

12月8日　鎌倉出発、12月11日　箱根竹之下（静岡県湖山町）で義貞軍を撃破、義貞軍は京都へ敗走。

・1333年6月の後醍醐の京都帰還から1335年11月の尊氏の政権離脱までの2年半が狭義の建武政権の存続期間とされる。

第11章

後醍醐と尊氏の戦、南北朝の始まり

1　建武３年（１３３６年）後醍醐と尊氏の戦、南北朝へ

尊氏京都奪回、都落ち、東上

①　尊氏京都奪回

尊氏は義貞を追撃、建武3年1月8日　瀬田で直義と千種忠顕《ちぐさただあき》・結城親光・名和長年、宇治で尊氏と義貞が激戦。四国から足利一門の細川定禅、播磨方面から赤松軍が尊氏勢に加わり山崎を突破、12日　足利軍が京都占領。後醍醐は比叡山延暦寺へ逃れる。

②　尊氏都落ち、九州へ

・前年12月22日　北畠顕家が西上の途につく。

1月　顕家軍が畿内へ入り、義貞、正成と合流。2月11日　尊氏を破り京都奪回。2月29日　建武から延元に改元。

・尊氏は摂津国瀬川河原戦で正成、義貞に敗れ、海路九州へ逃れた。尊氏は、戦の大義名分を得るため摂津国兵庫で光厳上皇に使者を送り、義貞追討の院宣を求める。また、鎌倉幕府滅亡で建武政権に没収された武士の所領を回復する方針（元弘以来没収地返付令）を打ち出し、北条方の武士を含めて武士の広い支持を得ようとした。

九州へ退く途中で、播磨国に赤松、備前国に尾張氏頼、備中国に今川、安芸国に桃井、

周防国に大内、長門国に厚来、四国に細川氏を配し、将に行賞権を委ねた。九州では菊池、阿蘇氏など後醍醐勢力も多かったが、大宰府の少弐氏などが尊氏に味方、3月2日　多々良浜戦で菊池武敏を破り、これが転機となって大友、島津も尊氏方につき、4月2日　尊氏は東上を開始。

③　尊氏東上

・5月5日　備後国鞆《とも》で二手に分かれ、尊氏・高師直は海路、直義・高師泰は陸路を進撃。備後国鞆津で後伏見から「新田義貞与党人の誅罰を尊氏に命じる」院宣を受取り、反乱軍ではない名目を得る。

・後醍醐は、3月24日　義良親王を陸奥太守に任じ、北畠顕家と共に奥州へ帰還させる。顕家は帰路、尊氏方を掃討しつつ2か月余で多賀に帰着。尊氏軍の東上を考えれば、顕家を帰国させたのは誤りであったと言えよう。

義貞は後醍醐から16国管領を許され、尊氏追討院宣を受け播磨国へ、弟の脇屋義助は備前国へ向かう。播磨白旗《しろはた》城で赤松則村に阻まれ、5月18日　備中福山（岡山県総社市）で足利軍と戦い敗れる。義貞軍は白旗城攻略を諦め、摂津湊川（兵庫県神戸市）に退き、楠木正成、脇屋義助軍と合流、足利軍の進撃に備えた。

尊氏の京都奪回

①　正成の提言

楠木正成は、尊氏を九州へ追った時点で、後醍醐に「武士の信望は義貞ではなく尊氏に集まる流れとなっており、義貞を切って尊氏と結ぶべし。尊氏の武士政権を認め、天皇は権威として君臨すべし」と進言。自分が使者に立ち、尊氏を呼び戻し、講和することを述べたが、後醍醐は親政の考えを改めず、正成は尊氏追討軍から外された。

正成は、さらに、尊氏が再度京都へ迫る段階で、「後醍醐は一旦比叡山に撤退、尊氏軍に入京させた後、その補給路を遮断、東西から攻撃すべき」と進言したが、公家の反対で実現しなかった。

正成は播磨にいた義貞の援護を命じられ湊川に出陣。

正成は時の勢、先行きを冷静に読むことのできる人物であった。建武中興で後醍醐に味方し鎌倉幕府に抗したのも幕府滅亡の先行きが見通せたことによると考えられる。

②　尊氏京都奪回

尊氏は、後醍醐軍側にはない水軍の利を生かし、義貞の後背を扼すため生田沖に向かう素振りをみせる。義貞はこれを避けるため陣取っていた和田御崎から後退、湊川の西宿に陣取る楠木正成軍との離間が生じた。思惑成功で、生田沖から引き返した尊氏本隊は和田御崎に上陸。5月22日　正成軍は義貞軍との連携を断たれ単独で戦い、25日　多勢に無勢で正成戦死。義貞軍も敗走。

義貞は正成に不信感があり、正成に冷淡であった。正成は後醍醐に自分の直言が容れられなかった時点で討死を覚悟、敗れた戦場から逃げる途を選択しなかったとされる。

尊氏は、敵将正成の人物、武功を高く評価している。

27日　後醍醐は比叡山に逃れ、3千の僧兵を頼み、近江・北陸からの物資の京流入ストップを計ろうとする。尊氏は琵琶湖水運を抑え、逆に、比叡山への糧道を断とうと動く。

29日　直義入京。

6月3日　尊氏は、石清水八幡で光厳とその弟の豊仁《とよひと》親王を迎え、14日　2人を奉じて入京。本陣を東寺に置く。

6月30日　後醍醐軍は京都奪還を目指して比叡山を降りて総攻撃。8月末まで京都市街を含めて激しい戦闘となり、千種忠顕、結城親光、名和長年などが戦死、後醍醐敗北。

尊氏の和平提案、後醍醐吉野へ、南北朝の始まり

・10月　尊氏は、後醍醐を太上天皇、後醍醐の皇子の成良《なりよし》親王を皇太子とする両統迭立案を後醍醐に提示、後醍醐の帰洛を申し入れる。成良が即位すれば後醍醐の院政が可能とな

る。尊氏としては後醍醐に最大限の敬意を払った提案であった。
10月10日　後醍醐帰洛。花山院に閉居。
・後醍醐は帰洛直前に東宮恒良親王に譲位、義貞と共に北陸へ行くことを指示。恒良の北陸行きは北陸王朝を創るためとされるが、義貞が後醍醐が自分を切り捨てることを怒り後醍醐に抗議したことによるともされる。
また、後醍醐は、伊勢に宗良親王を奉じて北畠親房を派遣、懐良親王（8歳）を九州に派遣。
・11月2日　光厳の弟の豊仁親王が即位して光明天皇となり、光厳院政開始。三種の神器が後醍醐から光明に渡る儀式が行われたが、後醍醐の渡したのは偽器《ぎき》であったと言われる。
・11月7日　建武式目制定。
・12月21日　後醍醐は、北畠親房の勧めで、楠木一族の案内により三種の神器を持ち吉野へ脱出。尊氏は後醍醐に最大限の譲歩をしており、後醍醐が逃走するとは考えていなかったとされる。60年に及ぶ南北朝時代が始まる。
三種の神器は北陸に落ちる恒良、北朝の光明にも渡されており、どれが本物か不明。

吉野で後醍醐は足利討伐を諸国に呼びかける（年号は延元使用）。

南朝の主要拠点は、吉野・南河内（楠木氏）、伊賀（黒田悪党）、南伊勢（北畠氏）、越

前・越後（新田氏）、奥羽（北畠顕家）、伊予（忽那海賊）、肥後（菊池氏）などであった。

2　後醍醐南朝の戦

義貞、顕家、親房

①　義貞の戦

・建武3年（1336年）10月　後醍醐と別れた義貞は越前敦賀に向かう。防寒の準備、糧食不足のまま冬の木目峠《きのめとうげ》越を強行、将兵を減じ、金ヶ崎城（福井県敦賀市）に入る。

義貞は、後醍醐上洛前に譲位を受けた恒良天皇（15歳）を擁して越後、上野、陸奥とも連携し、越前に恒良王朝勢力を築こうとした。

建武4年（1337年）　敦賀湾に面する金ヶ崎城で義貞は高師直と3か月に及び攻防、糧食尽きて、3月　落城。義貞と共にあった恒良は捕えられ京都へ、その後、毒殺されたとされる。義貞は脱出、勢を盛り返し、越前で転戦するが、1338年閏7月越前守護斯波高経との戦で敵の矢に倒れ、藤島（福井市）で自害（37―39歳）。

義貞は後醍醐方の有力武将であったが、政権内では公家の発言力が強く、義貞の意見が通らず、不本意な戦に終始した悲劇の武将と見られている。

・8月11日　尊氏は北朝から征夷大将軍に任命され、室町幕府の形が出来上がる。

②　顕家の戦

・北畠顕家は奥州へ戻ったが足利方の勢が強くなり、多賀城の南方の磐城、岩代の国境にある霊山《りょうぜん》に移る。後醍醐からは「西上すべし」との勅書が届くが、中々、上洛の体制が整わなかった。

　1337年8月11日　上洛の途につく。進撃のスピードは一回目に比べ遅かった。12月13日　利根川に達し、12月24日　鎌倉攻略。1338年1月2日　鎌倉を発って上洛を目指し、1月28日　美濃国青野原《あおのはら》（関ケ原）で足利軍を破る。2月　美濃国西端の黒血川《くろちかわ》に高師泰、師冬軍が待機。顕家は京都侵攻を断念、伊勢へ。2月14、16日と高師泰軍と交戦しつつ大和へ進み、体制を立て直し、足利軍を破るが、2月28日　奈良般若坂で高師直の大軍に敗れ吉野へ。義良親王を父の後醍醐に預け、河内へ転戦。3月8日　摂津国天王寺で足利軍を破る。再び高師直が出陣、3月16日　摂津国天王寺、阿倍野で師直に敗れ、5月22日　和泉堺浦《さかいうら》（大阪府堺市）でも師直に敗北、戦死（21歳）。

・戦死の1週間前、顕家は後醍醐に「九州、山陽、北陸、関東等7道に優秀な軍政官を派遣すべき、地方へ権限の委譲すべきなど中央集権批判。綸旨の朝令暮改を慎むこと、贅沢を慎むこと、不公平な官位のバラマキ、身分秩序を乱す恩賞配分、無能な人物の政治への口出しを抑えること」などの7か条を提言。吉野の貴族、僧侶が後醍醐に取り入って恩賞を得ていることを批判、一方で陸奥の武士達は後醍醐の恩賞が十分でもないのに命を捨てて戦っていることを強調、功なき者から恩賞を没収、武士達に与えるべきと主張。

顕家は貴族であるが、武士達の支持を得なければ天下を治めることはできない現実を理解していた。

③　親房の戦

・北畠親房は1335年10月　尊氏反逆を知り急ぎ上洛、後醍醐側近となる。翌年、顕家が上洛、尊氏を西国に追った後、顕家は陸奥に帰国するが、親房は京都に残り、後醍醐政権の中枢に入った。その後、伊勢に下り、伊勢で南朝勢力拡大に努める。1338年顕家が再上洛の途中で伊勢に転進するが、それは親房と合流、勢力回復を目指したと推測される。

親房は息子顕家の戦死につき、「身体は空しく苔の下に埋もれて忠孝の名声のみ残った」と死を悼んだ。親房の伊勢侵攻により、親房の三男の顕能《あきよし》が伊勢北畠氏の祖となる。

・1338年9月　後醍醐は、義良親王（阿野廉子の生存最後の皇子）と北畠顕家の弟の顕信（陸奥介鎮守府将軍補任）・北畠親房（後見役）を東下、宗良親王を遠江に派遣するため伊勢大湊から船出させるが、遠州灘で暴風に遭い、義良は伊勢に吹き戻され（吉野に帰り皇太子となる）、宗良は遠江に漂着、親房が常陸に上陸した。

親房は、常陸で結城氏を味方とすることが出来ず、小田氏の常陸小田城（茨城県つくば市）を拠点に反足利勢力を集め戦う。１３４１年　小田治久が高師冬に降伏、その後、関宗祐の関城、下妻氏の大宝城に拠り戦うが、１３４３年両城とも落城。親房は吉野に帰還。

親房不在の吉野朝廷は親房が後醍醐から許された権限を制約する動きをし、親房の東国での勢力拡張に水を差したとされる。

親房は、関東で神皇正統記（南朝の正統性を説く。天皇に忠実な幕府の存在は認めるが、天皇主権を侵害する幕府は否定する）を著している。後醍醐の政治思想とは異なる部分がある。

後醍醐の死、吉野陥落

① 後醍醐の死

・１３３９年（延元４年）８月16日　後醍醐は吉野で病没（52歳）。

左手に法華経、右手に剣を持ち、「足利打倒の怨霊になる」として亡くなったとされる。

尊氏は７日間政務停止、冥福を祈るため天龍寺を建立、所領を寄進。後醍醐の怨霊鎮魂のため夢窓疎石の勧めで建立したと伝えられる。尊氏の天龍寺建立には山門大衆の強い反対があり、天龍寺船を派遣、中国との交易の利益を建立財源に充てるなどの苦労をしている。尊氏の後醍醐への気持の現れとされる。

・夢窓疎石（1275年―1351年）は、中世禅宗の大半を占める夢窓派の始祖。その力は政治にまで及んだ。伊勢で生まれ、甲斐で仏門に入り、東大寺で受戒、その後、禅宗に転じ、1325年後醍醐の招きで南禅寺へ、北条高時の招きで円覚寺にも入っている。1333年、再び後醍醐の招きで上洛、南禅寺へ。尊氏の安国寺利生塔造立（建武戦役で没した武士を敵味方問わず弔おうとしたもの）にも関わっている。また、後の観応擾乱での尊氏と直義の争の和解斡旋もしている。

②　楠木正行、吉野陥落

・義良親王が即位して後村上天皇（11歳）。

1347年8月　南朝方楠木正行《まさつら》が河内国で挙兵、摂津国へ進出。幕府は細川顕氏《あきうじ》を将として討伐軍派遣。9月17日　河内国藤井寺戦で幕府軍は正行に大敗。山名時氏を援軍に派遣するが11月26日　正行に惨敗。12月14日　高師泰出陣、12月26日　高師直が総大将として出陣。

1348年1月5日　正行は大軍を相手に師直本陣を急襲、師直の身代わりが戦死するほど追い詰めるが、多勢に無勢で河内四条畷で弟正時と共に戦死。高師直は戦勝の勢いに乗って吉野攻略、吉野朝廷を焼く。後村上は吉野から賀名生《あのう》へ移った。
・鎌倉末期以降の悪党の戦い方は、鎌倉時代の一騎打ち、武芸中心の戦ではなく、騎兵もいるが多数の歩兵がおり、奇襲、待ち伏せ、ゲリラなどの戦法をとる。敗軍を待ち受けて武器、資材を奪うなどに下層農民も動く。南北朝に入ると、歩兵の活躍が益々顕著になり、傭兵、足軽などが活躍する。槍が武器として登場するのも建武の頃である。

3 建武新政の崩壊の因と後醍醐の評価

建武新政崩壊の因

・後醍醐親政には、倒幕のため働いた御家人・悪党・非御家人勢力の大勢が恩賞に報われずに不満、公卿も家格を無視され吏僚にされて不満、出仕した武士層は才能も経験も不足する公家に格下扱いされて不満、後醍醐の専断、綸旨の朝令暮改、近臣の横暴・驕りに対する不満などが充満した。こうした不満の累積が尊氏への期待を高めた。
・建武政権崩壊の最大の因は、後醍醐が尊氏の征夷大将軍就任（幕府開設）を拒んだことにある。後醍醐親政の目標は10世紀前半の醍醐・村上の治世への復帰、天皇親政への復帰にあった。しかし、建武新政の14世紀は10世紀とは異なり武力、経済力を持つ武士の時代となっており、単なる復古は時代の流に沿うものではなかった。
・尊氏の行動には、鎌倉での蜂起への逡巡、京奪回後の後醍醐復帰への提案、後醍醐没後の天龍寺建立など後醍醐への配慮が伺える。尊氏個人の心情は、後醍醐に対し敬意、好意を抱いていたのであろう。しかし、後醍醐は尊氏の幕府設立を許容しなかった。

後醍醐の評価

後醍醐の評価は時代の動きで変遷している。

明治初期までは徳を欠く天皇、評判の良くない天皇とされることが少なくなかった。

明治に至り、維新の王政復古と重ね、建武政権を王政復古の政権と位置づけ、後醍醐を徳のある天皇とし、南朝を正統化。尊氏については王政復古を覆し、後醍醐親政を斥けた武将として低く評価、楠木正成は忠臣楠木公として高く評価した。

終戦直後は、建武政権を復古反動政権と位置づけることが流行った。今日においては、歴史上の事実を様々に分析、過ってのような偏った見解ではなくなっている。

第12章

足利尊氏——足利幕府開設と内紛、南北朝

1　足利幕府の開設と内紛の芽

・建武3年（1336年）　尊氏は後醍醐との戦に勝利、10月　敗れた後醍醐帰洛、11月2日　光明即位、光厳院政開始。

12月21日　後醍醐は京都を離れ吉野に移り、南北朝時代が始まる。

・11月7日　尊氏、建武式目を制定。

1338年8月11日　北朝から尊氏征夷大将軍、直義、左兵衛督補任。

足利幕府の成立をいつと見るかは諸説あるが、建武式目制定をもって足利幕府成立と見る説が有力である。

8月28日　北朝は年号を暦応と改元。

建武式目

建武式目は、尊氏の諮問に応じて、中原是円《ぜえん》（鎌倉幕府評定衆二階堂氏出身）、弟の真《しん》恵《え》等8人が答える上申書の形を採っているが、実質的な制定者は直義であったとされる。

式目は2項17条。北条義時、泰時を近代の師とし、彼らの時代の政治への復帰を目指し、基本的には鎌倉幕府の御成敗式目とその追加法を踏襲するものであった。

第1項「幕府の所在地につき、諸人が鎌倉から京都への遷移を欲するなら多数の意見に従う」。足利氏に従う武士層のかなりの部分が畿内、西国にあり、政治、経済の中心も京都で、多数の意見は京都を幕府所在地とするであった。

第2項「倹約奨励・群飲佚遊《いつゆう》（好色、博打）・狼藉の制禁など日常生活の規律、私宅や空地（戦乱で京都の過半が空地）の不法取得の禁止・土倉の興行奨励・寺社訴訟への対応といった都市生活関連、守護人・近習の選任など人事に関する規定」が盛られ、治安・社会秩序の回復、戦で荒廃した京都の再生に対応するものであった。

足利幕府の統治組織と統治の実態

①　中央組織

建武3年　政所、侍所、問注所など設置。

政所―足利氏の家政機関の中心。主として家領支配など財政面担当。

侍所―武士の統制、検断関係担当。

問注所―訴訟処理など政務に関するデータ提供、当事者を審問、記録作成、保管担当。

評定衆―執政者の判断形成を輔弼、掣肘する役。細川、吉良などの足利一門、上杉、高などの被官武士のうち枢要な者で構成。

引付方—所領を巡る訴えを担当。5つの部に分かれ、各々頭人を置いた。評定衆、奉行人が所属。

所領安堵については安堵方、寺院・僧侶の関係する訴訟については禅律方、武士の叙位・任官申請については官途奉行、恩賞充行を担当する恩賞方（別当高師直）などが設けられた。

幕府財政の財源は、諸国に段銭《だんせん》（農地1反につき100文）、棟別銭《むなべつせん》（都市の棟毎に100文）賦課など。

② 地方組織

・各国に守護が置かれた。守護は重罪犯の検断、国内武士への軍事指揮、所領領有に関する幕府の指令の執達などを行った。鎌倉時代に比べ、守護の権限が半済などの経済的権能にまで拡大、地頭は他の武士と同様の国人へと変質、守護国領制となっていく。

・遠隔地の統治については、武蔵、相模、伊豆、甲斐、上野、下野、安房、上総、下総、常陸の関東10国を統括する鎌倉府、九州には鎮西探題、奥州には奥州探題、中国には備後、備中、安芸、周防、出雲、因幡、伯耆を統括する長門探題が置かれた。

鎌倉府の長には尊氏の嫡男の義詮が任じられ、義詮上洛後は、弟の基氏、その後、基氏の系統が継承。

③ 統治の実態

・初代将軍、足利家当主は尊氏。尊氏は同腹の弟の直義を重用、2人は両将軍と並称された。主従的支配（恩賞充行《あておこない》、軍事）は尊氏、統治権的支配（内政）は直義が担当。発足当初の室町幕府の行政の大半は直義が行った。

・尊氏の後醍醐に対する挙兵は、後醍醐への反逆という積極的意思によるものではなく、新帝を擁立出来た以上隠遁しようと尊氏は考えていた。後醍醐の再挙兵により隠遁は出来なくなったが、そうした心境から政務は殆ど直義に任せたとの見解もある。

8月17日に尊氏が清水寺に納めた願文には「自分は遁世したい。道心を与えて後世を助けて欲しい。今生の果報は弟直義に与えて欲しい」とある。

1348年高師直の南朝吉野攻略の後、まず、直義、師直の対立が顕在化する。

・北朝朝廷は院評定を中心に伝統通り運営され、朝廷と幕府との伝達役として武家執奏の公卿が設けられ武家との連携が執られた。

幕府内の対立の芽—直義・直冬と高師直

① 足利直義と高師直

i 高師直

・高氏は代々足利氏の執事を務めた家柄。高師直《こうもろなお》の生年、幼少時の詳細は不明。１３３３年鎌倉幕府滅亡直前に父から執事職を譲り受ける。足利幕府発足後、恩賞方頭人、引付方頭人、初期の北朝との交渉担当を務め、南朝との戦闘では多大な戦果を挙げた（新田義貞戦の金ヶ崎攻略、和泉堺浦の北畠顕家戦の勝利、南朝拠点吉野攻略、四条畷の楠木正行戦の勝利など）。四条畷の勝利（１３４８年）で師直の権勢が一層上昇、直義との不協和音が目立つようになる。

・師直は尊氏の下で軍団を組成（御家人の庶子層、非御家人、悪党など）、実力で奪った公家や寺社の荘園を配下の武士に所領として給付、活躍させ、輿望を高めた。古い秩序に価値を認めず、力が正義とし、権威に対して怖れを持たず、実力行使で作り出された既成事実を認め、寺社の焼き討ちも躊躇しなかったとされる。しかし、当時の武士の多くにはそうした側面はあり、師直のみのこととは言えない。師直の所領はそう多いとは言えず、主君尊氏に人格的にも密着した武士であった。

・行政面でも師直は有能な人物で、将軍尊氏の執事として活動、行政のトップである直義と衝突する。

直義との大きな争点は、将軍尊氏の行う恩賞充行を円滑に遂行するための執事施行状《しつじせこうじょう》の発給（武力を伴う恩賞の強制執行を正統化するもの）であった。

１３４１年10月　直義は執事施行状停止を命令、所領の係争担当を引付方の審理によるという本則に戻した。これは幕府体制を戦時から平時に転換させると同時に、執事師直の権限を弱め直義の権力を強化するための措置であった。しかし、執事施行状に代る引付所の引付頭人奉書は手続きが煩瑣で効率性に劣るため、執事施行状に諸国の武士の広い支持があり、師直は直義の命令を無視して施行状の発給を続けている。

・師直の兄弟の師泰は、師直と行動を共にし、幕府に貢献。軍事的才能は優れるが、行政面の実務能力に劣ったとされる。

ii　足利直義

直義は謹厳実直な人物で、内政の責任者として幕府の権力行使にあたり、法や道理に基づき公平に政務を執行すべき（寺社本所の権益にも配慮）との考えで、鎌倉幕府の義時、泰時の時代を理想とした。

当時、戦での兵糧は現地調達で、年貢の半分を兵糧米に充てる半済令を出すことで対応することが原則となっていたが、現実には年貢でなく土地の半分を取ることも行われた。

直義は半済令の原則を守る立場に立ち、師直は侵害することも構わないという立場であった。

ⅲ　2人の対立

師直は、直義の武士への恩賞の裁きが遅いこと、直義が寺社本所の利益を擁護することなどの直義への不満を代表、一方、出自の高くない師直の目覚ましい台頭への妬みを持つ武士層（上杉など）も多く、両名のそれぞれ置かれた立場、考え方からの対立は宿命的なものであった。

②　もう一つの対立の芽　足利直冬

・尊氏は1327年に越前局との間に子（今熊野）ができた。今熊野は北条高時滅亡（1333年）後、鎌倉東勝寺に入ったが、1345年に還俗、東勝寺の僧円林に付き添われて上洛、尊氏との父子対面を果たそうとした。しかし、尊氏の嫡妻赤橋登子は自分の子の義詮の兄に当たる今熊野の出現を喜ばず、このため尊氏は対面を拒んだ。円林は今熊野を学僧元慧《げんえ》（直義のブレーンの1人）に預け、元慧の斡旋で今熊野は実子のない直義の養子となった。今熊野は直義の下で元服、直冬を名乗る。直冬は直義を信頼、尊氏に強い不信感を抱く。

・1348年4月　高師直の吉野攻略の後、直冬が紀伊国で南朝攻めに出陣、3か月の苦戦であったが8月に勝利した。しかし、尊氏、師直から冷やかに扱われ、屈辱感を味わった。直義はその心情を察し、直冬を長門探題とし、西国に下向させた。以降、直冬は西国、九州において反尊氏・義詮勢力となり、南朝とも連携、尊氏・義詮と戦うことになる。
・1347年6月8日　直義夫人の渋川氏に如意王が誕生。直義は喜び、嫡男に権勢を継がせる野心が生じたともされる（如意王は1351年2月25日に夭折）。
・義詮は直冬、如意王を自らの地位を脅かす危険な存在として敵視、尊氏・直義2頭政治の破綻の因になった。

2　観応擾乱

1349年の政変（貞和5年（北朝）、正平4年（南朝））―直義と師直

①　直義先制、勝利

1349年閏6月　足利庶流の畠山直宗、足利家と姻戚関係の上杉重能、直義の信任厚い禅僧妙吉（疎石の弟子）が、直義に高師直・師泰兄弟の排除を進言。

直義は師直を殺害すべく屋敷に呼ぶ。師直は知らずに直義邸に赴くが、そこで師直の支持者に師直暗殺の企てを知らされ、逃れて暗殺は未遂に終わった。師直は自邸の周囲を配

下の武士で固め、仮病を使って幕府出仕を止める。

6月7日　尊氏と直義が会談、6月15日　師直の執事解任・所領没収、6月20日　師世（師泰の子）の執事就任合意。直義勝利。

②　師直反撃・勝利、義詮上洛・政権参画

・8月9日　河内国石川城に駐屯していた高師泰が大軍を率いて入京。8月11日　播磨の赤松円心親子が師直に味方。

直義養子の直冬は前年に長門探題を命じられ、1349年4月　京都発、この時には備後国鞆津にあり、直義救援のため上洛を図るが、播磨で赤松に上洛を阻止された。

8月14日　師直・師泰の大軍が尊氏・直義（尊氏邸に在った）の居る尊氏邸を包囲。尊氏と師直の交渉で畠山直宗、上杉重能の流罪、直義の政務関与停止、代わって鎌倉の義詮に直義の職を継がせることで合意。師直勝利。

その後、夢窓疎石の斡旋で8月19日　直義の政務復帰、師直の執事復帰が了解されたが、直宗、重能は越前への流罪の途中で師直の手により殺害（12月20日）。

9月　義詮の同母弟の基氏（直義の猶子となり、直義に養育され、直義に親近感を持つ）が鎌倉下向、義詮の職を引き継ぎ、義詮上洛。

10月22日　上洛した義詮（20歳）が直義の職に就き、師直は義詮をバックアップ。直義

は政務から引退、11月　出家、恵源と称した。

この政変は、尊氏が義詮を後継者とするために仕組まれたもので、黒幕は尊氏であったとの見解もあるが、師直が尊氏邸を大軍で包囲する事態は尊氏の面子、立場を考えると異常な事態で、この見解はとれないとの見方が多い。
・9月10日　尊氏は直冬討伐のため出陣。直冬は四国、その後、肥後国川尻津に逃れる。直冬の四国、九州転進は幕府討伐と関係なく、事前に計画されていたとの見解もある。

観応擾乱1350年（観応1年）第一幕　直義と師直の戦

①　尊氏、直冬討伐へ

1350年　直冬は九州で肥後川尻氏等を味方に勢力を伸ばしていた。
6月　尊氏は高師泰を直冬討伐に派遣、石見で直冬方と戦うが苦戦。そのうちに北九州の少弐、大友氏が直冬に加担、尊氏は征西を決意。
7月28日　美濃の土岐周済（しゅさい）が反乱、鎮圧のため義詮出陣、師直従軍、8月20日　凱旋。
10月28日　尊氏、師直は九州の直冬討伐に出陣。京都は義詮に任せる。直義は尊氏出発直前の10月26日に京都を脱出。

② 直義挙兵

10月27日　直義は京を出て大和から河内に入り、諸国の武士に高師直、師泰誅罰を呼びかける。

11月21日　直義は、畠山国清のいる河内国石川城に入る。伊勢守石塔頼房、讃岐守細川顕氏、越中守桃井直恒などが直義側に。

10月、直義は南朝に和平申出。南朝内部では賛否両論あったが、北畠親房の意見により、申出受入、11月23日　直義、南朝に帰順。直義が南朝と結び、短期間に大勢力となり、直義が京都を占領すれば、尊氏は九州の直冬と京の直義に挟撃される危機が生じた。尊氏、師直は進軍途上で備前から引返し、石見の師泰も合流。

1351年1月　直義軍入京。義詮は京都脱出、尊氏に合流。

直義と尊氏は京都で戦う。直義側に就く勢力が増え、尊氏は播磨、義詮は丹波に退く。関東執事高師冬の敗死（後述）など関東、奥羽でも尊氏勢敗北。

2月17日　播磨で体制を整えた尊氏軍と直義軍が摂津国打出《うちで》浜で戦い、尊氏敗北、師直・師泰負傷。

尊氏は直義に和睦を要請。師直、師泰の出家、引退を条件に和睦成立。

師直、師泰は播磨から船で鎌倉に逃れ、師冬と合流して再起を図る考えであったが師冬自害を知り降伏を決意したとの見方もある。

2月26日　直義軍の京都への帰還の途中、尊氏に供奉することを許されず遅れて進まされていた師直、師泰兄弟など高氏一族を武庫川で上杉能顕（重能の甥で養子）が殺害。重能の仇討であった。近年の研究では重能の実子の重孝説が有力。

3月2日　尊氏、直義会談。腹心高師直などを殺された尊氏は上杉能顕（重孝）の死罪を求めるが直義は同意せず流罪。政務は義詮が担当、直義が補佐、直冬を鎮西探題、尊氏は恩賞充行権保持の結論となった。尊氏は会談前は不機嫌、会談後は上機嫌であったという（直義は、武士統御のためには最重要の恩賞充行権を尊氏に温存させるミスを犯した）。直義の目的は師直、師泰打倒で、観応の擾乱の第一幕は直義の圧勝で終わった。

3月10日　義詮が丹波から上洛。尊氏、直義兄弟は戦っても相手を倒すまで憎みあうことは終生なかった。しかし、義詮は自分の将軍就任を強力に支援してくれた師直を殺され、直義打倒が執念となる。

5月　直義と南朝の講和交渉決裂。皇位継承について後村上は南朝の皇統に統一を主張、直義は両統迭立を主張して対立、武士の所領問題でも対立し収拾出来なかった。

③　関東の争、高師冬滅亡

関東では基氏（10歳）を支える2人の執事の高師冬（師直の従弟の師行の子、師直の猶子。1350年1月関東執事に再任）と直義与党の上杉憲顕《のりあき》が対立、戦闘。
1350年11月12日　上杉能顕が常陸信太荘で蜂起、上杉憲顕も鎌倉を去って上野国に往き、高師冬包囲。
12月25日　師冬は鎌倉を守り切れないと判断、基氏を連れて鎌倉脱出、相模国毛利荘湯山（神奈川県厚木市飯山）に達するが、基氏の近臣の間で内紛が起こり、直義派が師冬派を殺害、基氏を上杉などの直義派に奪われ、29日　基氏は鎌倉に還る。
師冬は甲斐国逸見《へんみ》城に逃れ、さらに須澤城に拠ったが1351年1月17日　諏訪氏に敗れ自害。

3　観応擾乱1351年（観応2年）第二幕　尊氏と直義の戦・正平の一統

尊氏と直義の戦

・1351年　義詮を核にして反直義派が動き、直義孤立、7月19日直義は政務辞退を申出。尊氏は受諾するが、思い直して直義の翻意を説得、直義は政務復帰了承。
7月28日　尊氏は佐々木道誉が南朝に通じたとして近江に出動、29日　義詮は、赤松則祐が播磨で蜂起のため出動。直義は、この動きを両者が示し合わせての直義挟撃策ととり、

7月30日　京都脱出、8月1日　金ヶ崎城へ入る。8月3日　義詮、5日　尊氏帰洛。尊氏は直義の帰洛、政務復帰を求めるが不成立。8月18日　尊氏・義詮、近江に出陣。8月20日直義は敦賀から近江坂本へ。9月12日　尊氏、直義軍は近江姉川流域の湯次（長浜市）で戦い、直義は敗れて越前へ撤退。9月21日　直義は越前から近江へ出て、10月2日　近江で尊氏、直義会談、破綻。10月8日　直義は近江退去、北陸へ、10月14日尊氏、義詮帰京。直義は東国下向、11月15日鎌倉に入り上杉憲顕に迎えられる。基氏は直義を迎え、尊氏と直義の調停に乗り出すが不調、基氏は伊豆へ退去。

・佐々木道誉はバサラ大名として、また、様々な活動で著名な武人である。1304年　京極家の家督承継。北条得宗家に仕える御家人であった。鎌倉幕府への反乱軍討伐のため、幕命で上洛する尊氏と共に京に向い、尊氏と共に後醍醐に味方。中先代の乱も尊氏の東下に同行。尊氏に用いられ、近江守護、出雲守護、引付方頭人など要職を歴任。観応擾乱では終始尊氏方。幕府宿老として活躍。1373年没。

正平の一統

・1351年10月24日　正平《しょうへい》の一統　尊氏は直義打倒のため南朝（後村上）と和睦、降伏。皇位は南朝の後村上に統一され、北朝の崇光天皇、直仁皇太子は廃され、年号も南朝の正平（正平6年）に統一された（正平の一統と呼ばれる）。

直義、尊氏のこうした行動は、2人が即位させた北朝の天皇に信を置いていなかったことを示していると思える。

・後村上から直義追討の綸旨を得て、11月4日　尊氏は鎌倉へ進発。尊氏は薩垂山（興津川の北、244mの山）に3000余騎で布陣。直義は三島に布陣、自らは動かない。11月27日　尊氏側の宇都宮氏が武蔵、相模と進撃、足柄山で直義軍を破り、箱根竹之下に着陣。小山氏政も国府津に着陣。尊氏方は3万余に膨れ上がった。直義軍からは逃亡者が続出、尊氏軍は一挙に直義軍を破り、直義は伊豆国北条へ、さらに伊豆山中に逃れる。直義軍の主力の上杉憲顕、長尾清景等は信濃に逃れた。尊氏側の畠山国清等が直義に和議を申し入れ、直義受諾。尊氏と共に1352年1月6日　鎌倉に戻る。観応の擾乱第二幕は尊氏の勝利で決着。

1352年2月26日　直義、黄疸のため鎌倉で死去（46歳）。毒殺されたとの説もある。

・直義は、尊氏の1歳違いの同母弟、戦斗能力は尊氏に劣るが、先々の見通し、行政能力に優れ、尊氏とともに足利幕府を築いた。兄弟は信頼関係で結ばれていた。幕府開設後、時を経過するに従い、直義は尊氏の後継者の義詮、義詮を推す高師直と対立、尊氏は息子の義詮に付き、兄弟が相争う事態となり、直義は尊氏に敗れた。直義の政務への情熱、尊氏と争う気持ちがなくなったことにもよるとされる。争う中でも兄弟は何度も和解を試みている。直義は鎌倉で没した。尊氏による毒殺説もあるが、2人の間には兄弟の情が底流にあり、病没であったと考える。

4　南朝幕府攻撃、正平の一統破綻

南朝京都制圧

京都では、南朝政権により、北朝による官位・叙任の破棄、北朝の朝廷としての正統性の全否定が行われた。

1351年（正平6年）12月23日　北朝から三種の神器接収。
1352年2月6日　宗良親王を征夷大将軍に任命。
2月26日　南朝後村上は賀名生を発ち、閏2月19日　八幡（京都八幡）に進んだ。楠木正義が大軍勢で供奉。
閏2月20日　北畠親房の南朝軍が京都に入り幕府軍と戦い、足利義詮は近江へ退去。
2月21日　南朝は、北朝再建を絶つため北朝の光厳、光明、崇光と皇太子直仁親王を八幡へ拉致。南朝軍が京都制圧。

尊氏関東で戦う（武蔵野合戦）

関東で1352年閏2月15日　南朝の征夷大将軍宗良親王を奉じる新田義貞の遺児新田義宗・義興、上杉憲顕等の反尊氏勢力が上野国で蜂起、武蔵に侵攻。南朝北畠親房は、京都と関東で同時に軍事行動を起こし、一気に幕府討滅を謀った。

尊氏は新田勢の蜂起の時点で武蔵国神奈川に転進しており、閏2月18日　新田義興勢は鎌倉占拠。

2月27日　尊氏は正平の一統を解消。

2月28日　尊氏は武蔵国小手指原、入間川原、高麗原で宗良親王、新田義宗勢と戦い、敗れて石浜（浅草）まで撤退。新田勢も消耗、尊氏側の仁木兄弟の新手の軍勢が来援、尊氏勝利。次いで、尊氏は笛吹峠（西多摩檜原村）で戦い、新田・上杉軍を破る。宗良親王、新田義宗は越後へ、上杉憲顕は信濃へ逃れ、鎌倉でも義興勢は幕府軍に敗れた。

3月12日　尊氏、鎌倉に戻る。この争乱は武蔵野合戦と呼ばれる。

この勝利により、尊氏の関東支配は、ほぼ確立した（新田義興は鎌倉を退去、武蔵、相模でゲリラ活動をするが、1358年　武蔵国矢の口渡で渡河中に謀殺された。1368

年　義宗も上越国境で討たれた）。

義詮の京都奪回、直冬の動き

・京都では、3月15日　義詮が京都奪回。5月11日　八幡陥落、後村上は賀名生へ撤退。上皇、天皇、皇太子は南朝に拉致され、北朝は天皇不在となる。8月17日　光厳の生母の広議門院の命で、三種の神器は不在の中、崇光の弟の弥仁《いやひと》親王が即位して、後光厳天皇。

・直義の養子直冬は九州にあって、一時期、幕府、南朝懐良《かねよし》親王と並ぶ勢力となったが、長続きせず、敗れて長門に、1352年11月　南朝に帰順、石見国に移動、山名時氏等と共に京都を目指す。

・観応の擾乱は武士の所領、軍忠に対する恩賞充行を巡り、尊氏派、直義派の顔ぶれは頻繁に入れ替わっている。南朝は、この幕府内紛で漁夫の利を占めたが、足利幕府打倒はならなかった。

5　尊氏と直冬の戦

1353年の尊氏・義詮と直冬の京都攻防

武蔵野合戦後、尊氏はしばらく鎌倉にあった。

1352年11月　直冬が南朝に降り、1353年6月　南朝・直冬連合軍が挙兵、京都奪取。後光厳は比叡山、更に美濃垂井へ逃れる。義詮は京都奪回のため戦うが、後光厳は義詮の器量に不安を感じ、尊氏に上洛要請。尊氏は、1353年7月　畠山国清を関東執事とし越後、上野の新田、上杉勢に備え、関東公方基氏の本拠を鎌倉から入間川に移し、後を基氏に任せ、7月29日　鎌倉を発ち上洛。

義詮は京都を奪回。後光厳は9月21日　尊氏と共に京都に戻った。尊氏と共に上洛した関東の武士はそのまま京都に残り尊氏に仕える。

1354・55年の京都攻防

1354年　義詮は直冬討伐に向かうが一進一退の戦況。

12月13日　直冬・山名時氏勢は義詮を播磨で釘付けにし、山陰道から京都に迫った。京都は義詮が大軍を率いて出陣したため兵力に乏しく、12月24日　尊氏は後光厳と共に近江に逃れる。1355年1月下旬　直冬、山名時氏、桃井直常、斯波氏頼等が入京。尊氏は東坂本に進出、比叡山に陣を構える。義詮も反転、戦いつつ山崎の天王山に進軍、戦線は膠着。関東から畠山国清の弟の義深《よしふか》、義熙《よしひろ》の東国勢3000騎上洛。3月12日　援軍を得て尊氏は直冬の東寺本陣を総攻撃。直冬は京都から撤退。

6　尊氏の死、尊氏の評価

尊氏の死

・尊氏は、続いて九州の懐良親王の南朝軍を追討する方針であった。懐良親王は1348年に肥後の菊池武光の館に入り、直冬、一色、少弐などと争い、九州で勢力を拡大していた。尊氏は病で1358年4月30日没（54歳）。九州征討はならなかった。

尊氏の死は腫物によると伝えられる。数年前から必ずしも体調万全ではなかった模様である。

・その後、懐良親王は1361年には大宰府征圧する勢を示したが、1371年　幕府は今川了俊を九州探題に派遣、大宰府奪回。懐良はその後、衰退。

南北朝合一が実現したのは1392年　後亀山天皇の時であった。

尊氏の評価

・「尊氏は度量のゆったりした人物で、謀は直義に及ばなかったが、戦術は遥かに優れていた。挙兵以来26年、一日とて戦のないことはなく、天下は最後まで落ち着かず、君臣、父子、兄弟が争いあったことは古今に例がない。武家の時代を再興してくれた人を君主に祭り上げようと天下万民が思ったことで天下がとれた」と新井白石は述べている。

・尊氏は、1331年　元弘の変で鎌倉幕府の命により足利家の当主として出陣、1333年　後醍醐に与して六波羅探題討滅の戦以来、中先代の乱、京都攻略、敗れて九州へ、九州からの東上、足利幕府開設、直義との戦、南朝との戦とその生涯は自らが先頭に立った戦が死の直前まで続いた。敗戦を何度も経験しながらも最後には勝利を勝ち取っている。尊氏は武将として武士を惹きつける力を持ち、戦に才能があったことは確かであろう。

・尊氏の清水寺への願文、後醍醐に対する心情、行動からは、尊氏の純な側面を見て取れる。建武新政後は、後醍醐は尊氏を宿敵と見ていたにも拘わらず、尊氏は後醍醐に尊崇、敬愛の念を抱いていた。

・直義とは仲の良い兄弟であったが、直義と高師直・義詮との覇権争いから兄弟の仲が崩れ、直義の養子直冬も加わって互いに戦わざるを得ないこととなった。後継者争いが兄弟仲を引き裂いたとも言えよう。尊氏の最初のパートナーは直義、次いで、高師直、そして、嫡男義詮であった。
・尊氏は足利幕府を開設、中世武士社会を確立した。戦乱の生涯を送った人物で、戦国乱世の信長、秀吉に近い人生を過ごしたと言えよう。しかし、覇者としての栄耀栄華、或いは、独裁専横、非情の印象はない。頼朝に比べ、人間味を感じる。

足利幕府の性格

・1392年に南北朝合一が成るまで、幕政への不満分子は、南朝と結ぶことで天皇の命で戦う大義名分を得て、幕府に反旗を翻すことが繰り返された。尊氏、直義すら南朝を利用する行動をとっている。南朝の長持ちした大きな因である。
・足利幕府の実態は、畿内を中心に北陸、東海、中国、四国、九州（統制は緩かった）を統括する京都政権と鎌倉にあって東国を統括する鎌倉政権の2本立ての政権であった。東国政権の鎌倉（関東）公方は京都政権と距離を置き、対立、鎌倉の掌握が京都幕府政権の課題となった。
・幕府政権は足利氏の係累、尊氏に味方した有力武士で構成され、彼等は、その功労により各地の守護に任じられた。守護は鎌倉時代に比べ実権を持った存在であった。3代義満後、将軍は守護大名を統御することに苦労、やがて統御出来なくなり、次第に国政の実権を失う。各地の守護大名家では下克上が多発、各地で武将が所領を巡り相争う戦国乱世へと移っていく。そうした中で、足利幕府は、実権を失いつつも、信長に擁立された義昭まで、約2世紀半存続した。

あとがき

本書は、既刊の『倭　古代国家の黎明』と『戦国乱世と天下布武　動乱の日本16世紀』の中間の時代、中世の始まり、武家政権の成立の過程を記述したものである。

院政と武士、武士の世の到来、後白河と清盛の政争、平氏・義経・奥州藤原氏を破り鎌倉幕府を開設した頼朝、後鳥羽との承久の乱に勝利し執権政治を確立した北条氏、元寇の勝利と鎌倉幕府の滅亡、後醍醐と尊氏の対決、足利幕府成立と南北朝の始まり迄の10～14世紀にわたる武士政権成立の政治史を綴った。そして、その主役と言うべき「頼朝と尊氏」を表題とした処である。

本書執筆にあたり多くの方々の文献を参照、引用させて頂いている。参考文献所載の著作の方々には心から感謝申し上げる。資料の理解や引用の記述に誤りがあれば、それは筆者の未熟によるものであり、お詫び申し上げる。

また、本書、並びに、『倭　古代国家の黎明』、『戦国乱世と天下布武　動乱の日本16世紀』の編集、刊行に尽力いただいた大蔵財務協会の編集・販売担当者に心から感謝申し上げる。

平家系図

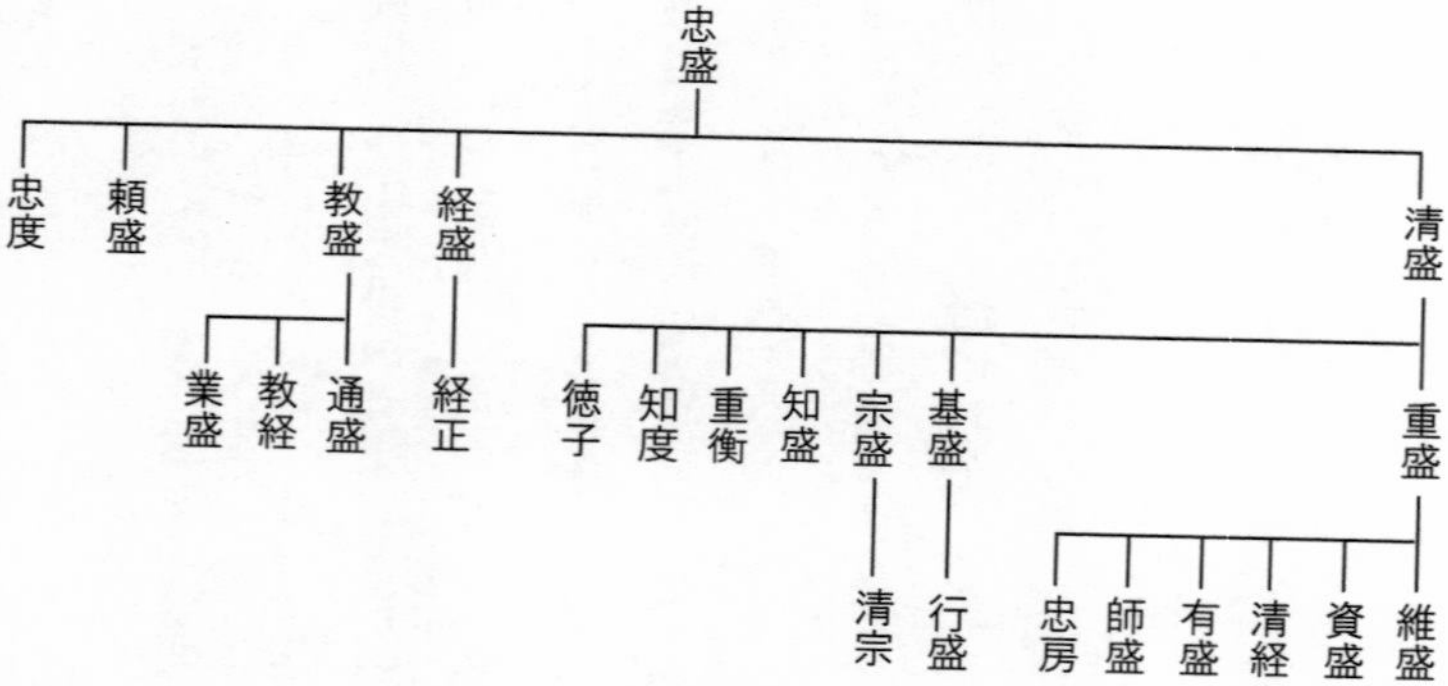
忠盛
忠度
頼盛
教盛
経盛
清盛
業盛
教経
通盛
経正
徳子
知度
重衡
知盛
宗盛
基盛
重盛
清宗
行盛
忠房
師盛
有盛
清経
資盛
維盛

源氏家系図
（数字は将軍就任順）

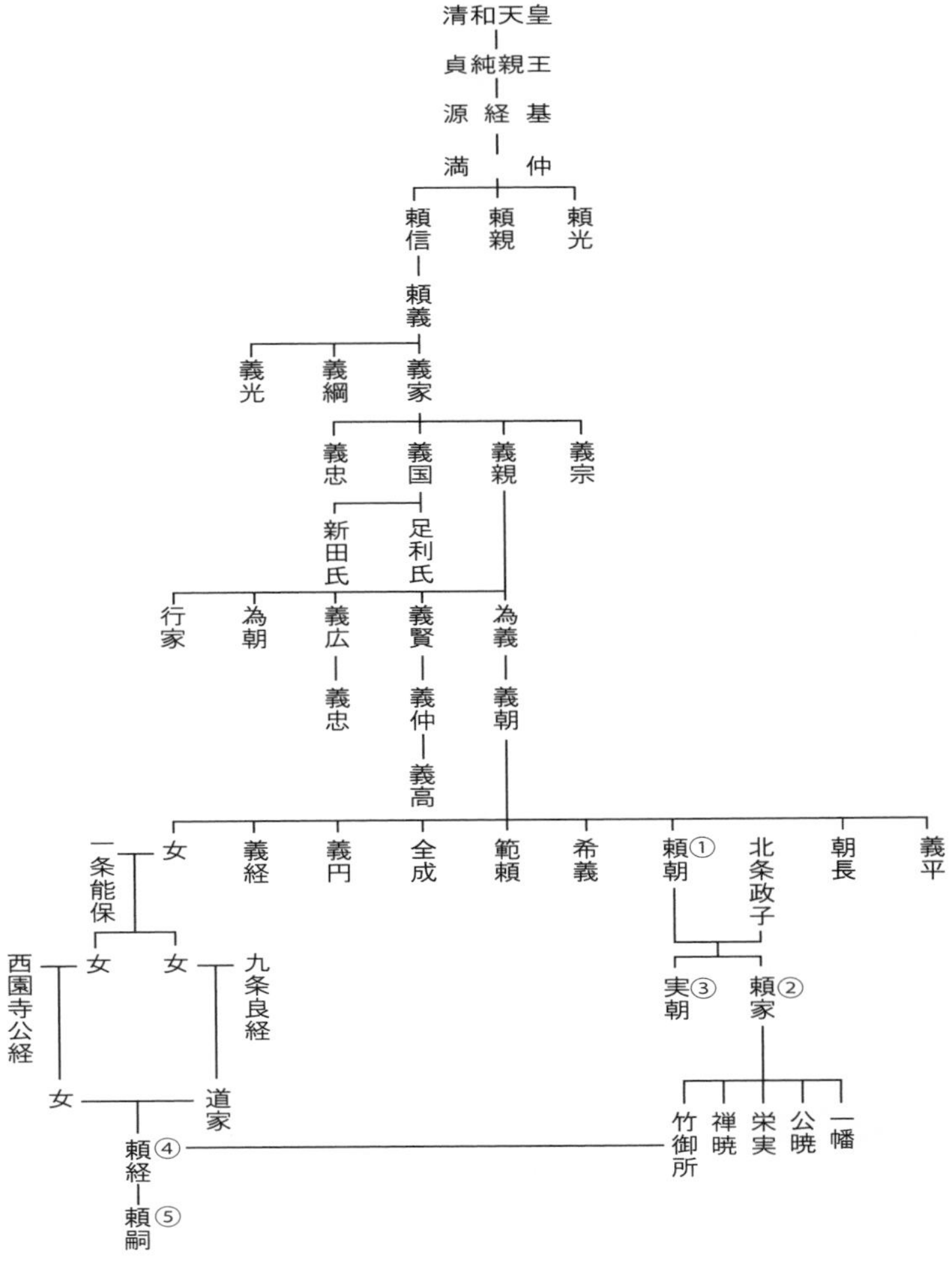

北条執権家系図

（数字は執権就任順。執権を出した家系に絞ってある）

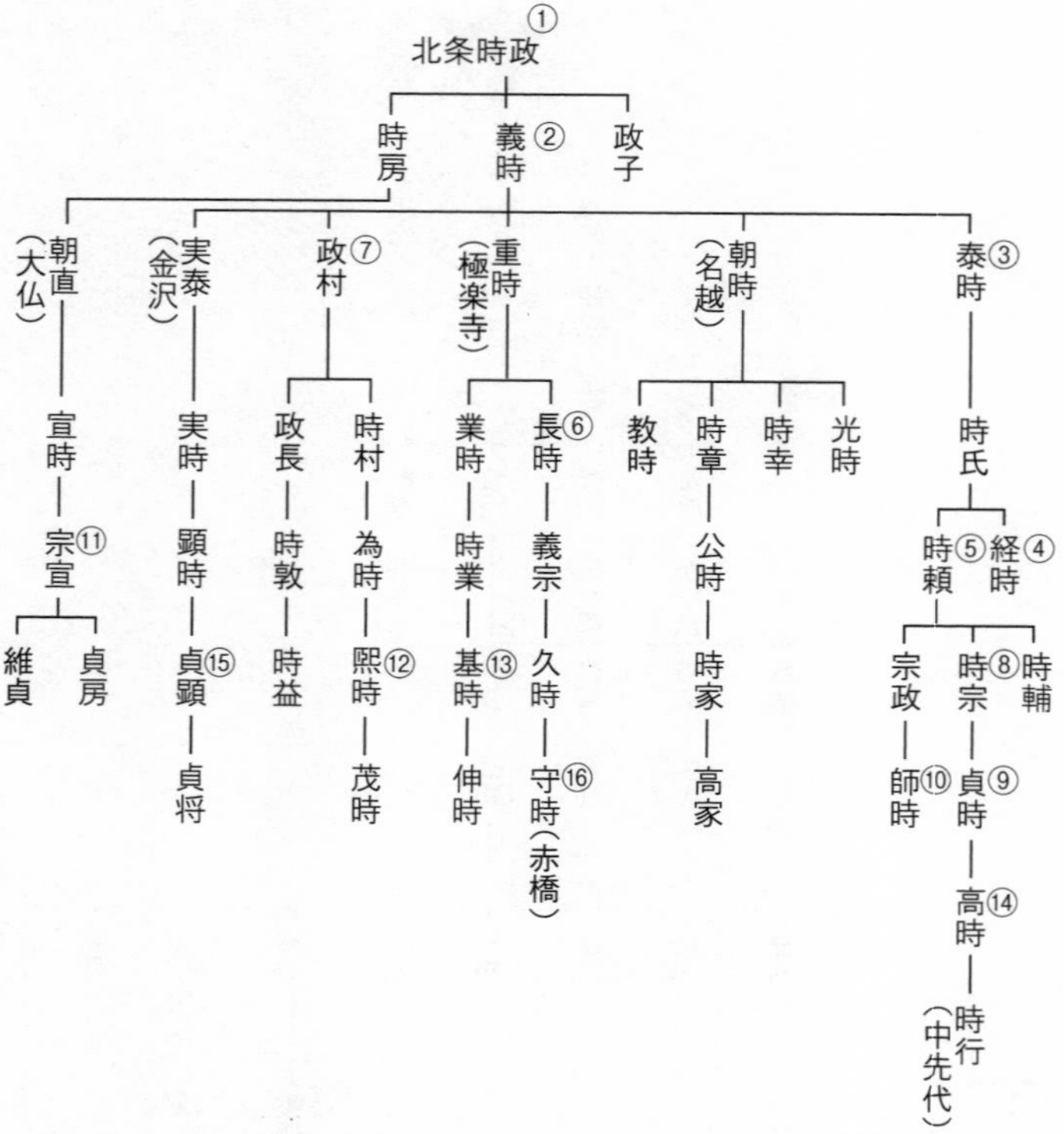

天皇家系図

（数字は皇位継承順）

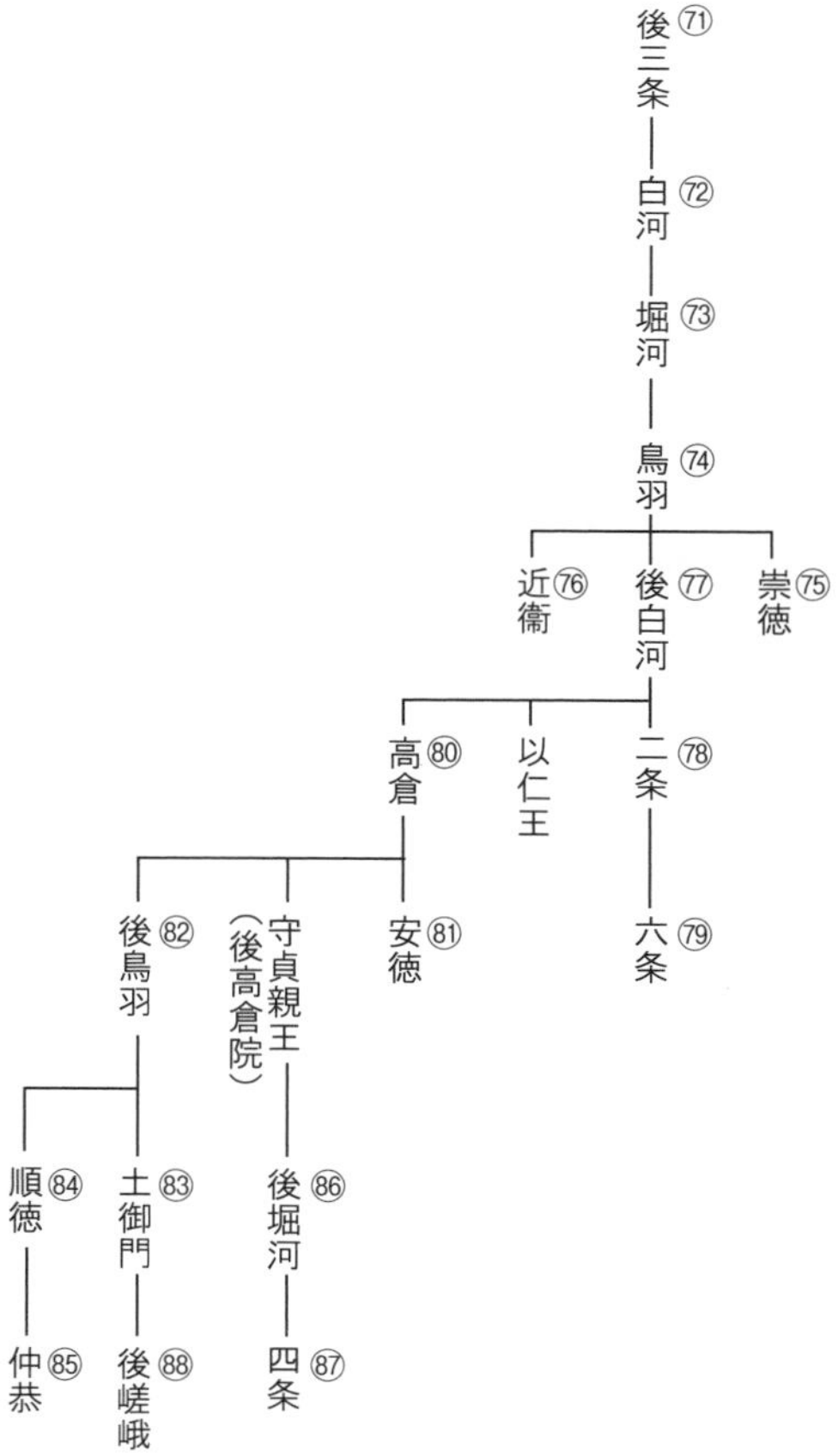

持明院統・大覚寺統家系図

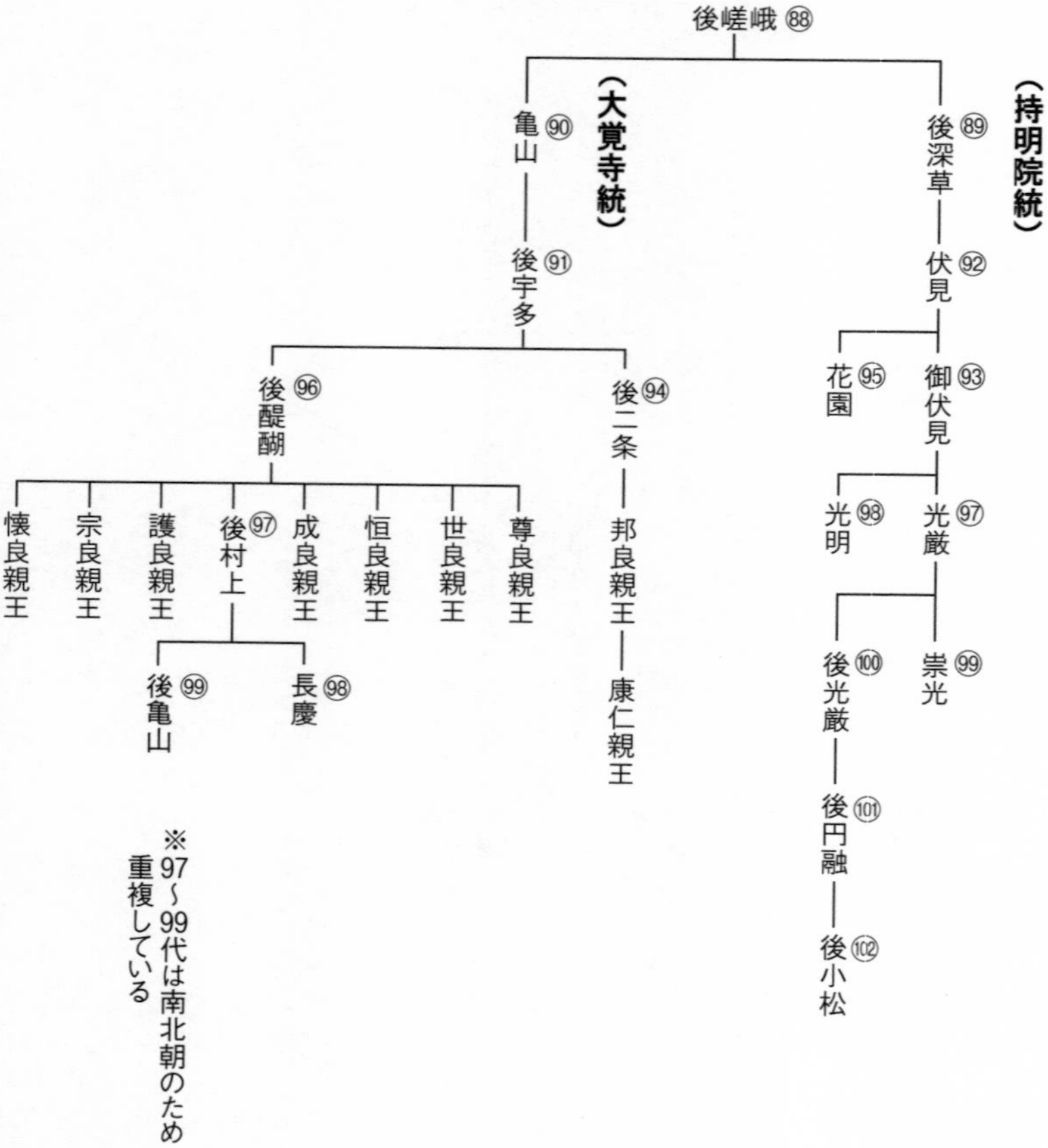

※97～99代は南北朝のため重複している

参考文献

日本外史　頼山陽著　岩波文庫
読史余論　新井白石著　講談社学術文庫
吾妻鑑　鎌倉時代を探る　五味文彦他編　吉川弘文館
吾妻鑑の方法　五味文彦著　同上
日本の中世　岩波新書
　中世社会のはじまり　五味文彦著
　鎌倉幕府と朝廷　近藤成一著
　室町幕府と地方の社会　榎原雅治著
戦争の日本中世史　呉座勇一著　新潮選書
中世史講義　高橋典幸・五味文彦著　ちくま新書
内戦の日本古代史　倉本宏一著　講談社現代新書
日本の歴史　講談社学術文庫
　律令国家の転換と日本　坂上康俊著
　道長と宮廷社会　大津　透著
　武士の成長と院政　下向井龍彦著
　頼朝の天下草創　山本孝司著
　蒙古襲来と徳政令　筧　雅博著
　太平記の時代　新田一郎著
武士の起源を解き明かす　桃崎有一郎著　ちくま新書
平将門と天慶の乱　乃至政彦著　講談社現代新書
後三条天皇　美川　圭著　中央公論社

後白河法皇　棚橋光男著　講談社学術文庫
院政　美川　圭著　中央公論社
院政　本郷恵子著　講談社現代新書
平清盛　安田元久著　宮帯出版社
大いなる謎　平清盛　川口素生著　PHP 新書
平氏の語る源平争乱　永井　晋著　吉川弘文館
木曾義仲伝　鳥越幸雄著　株式会社パレード
源頼朝　元木泰雄著　中公新書
頼朝の武士団　細川重男著　洋泉社
頼朝とその弟達　栗林　浩著　新人物往来社
頼朝と街道　木村茂光著　吉川弘文館
源頼朝のすべて　奥富敬之著　新人物往来社
東北の争乱と奥州合戦　関　幸彦著　吉川弘文館
東北の歴史　豊田　武著　同上
畠山重忠　貫　達人著　同上
藤原秀衡　高橋　崇著　新人物往来社
承久の乱　坂井孝一著　中公新書
承久の乱の構造と展開　野口　実編　戎光祥出版
北条氏と鎌倉幕府　細川重男著　講談社
鎌倉幕府の転換点　永井　晋著　吉川弘文館
蒙古襲来　服部英雄著　山川出版
鎌倉北条の興亡　奥富敬之著　吉川弘文館
鎌倉幕府の滅亡　細川重男著　同上
後醍醐天皇と建武政権　伊藤喜良著　新日本新書

参考文献

足利尊氏　森　茂暁著　角川新書
足利尊氏と直義　峰岸純夫著　吉川弘文館
新田一族の中世　田中大喜著　同上
高師直　亀田俊和著　同上
南朝の真実　同上　同上
観応擾乱　同上　中央公論社
南北朝　林屋辰三郎著　朝日新聞出版
太平記　松尾剛次著　中公新書
太平記の世界　佐藤和彦著　吉川弘文館
南朝研究の最前線　呉座勇一編　洋泉社
日本の歴史　南北朝の動乱　佐藤進一著　中央公論社
室町幕府　脇田晴子著　同上
日本中世史の核心　本郷和人著　朝日文庫
中世日本の内と外　村井章介著　筑摩書房

荘園　永原慶二著　吉川弘文館
軍事の日本史　本郷和人著　朝日新書
日本史の常識　文芸春秋編　文春新書
きらめく中世　永井路子著　有隣堂
飢餓と戦争の戦国を行く　藤木久志著　吉川弘文館
古代史の謎大全　瀧音能之著　青春出版社
女系図で見る驚きの日本史　大塚ひかり著　新潮社
敗者列伝　伊藤　潤著　実業の日本社

和 邦夫

（やまと・くにお）


本名　石坂匡身（いしざか・まさみ）。

1939年、東京都生まれ。

1963年、東京大学法学部卒業、同年大蔵省入省、1994年まで同省勤務、同省主計局主査、調査課長、大臣秘書官、主税局審議官、理財局長などを務める。1995～ 6年環境事務次官。現在、一般財団法人大蔵財務協会顧問。

主な著書『倭 古代国家の黎明』『戦国乱世と天下布武』（大蔵財務協会刊）

頼朝と尊氏

令和２年７月３日　初版印刷
令和２年７月15日　初版発行

著者　和　邦夫

（一財）大蔵財務協会　理事長
発行者　木村幸俊

発行所　一般財団法人　大蔵財務協会
〔郵便番号 130-8585〕
東京都墨田区東駒形1丁目14番1号
（販売部）TEL03（3829）4141・FAX03（3829）4001
（出版編集部）TEL03（3829）4142・FAX03（3829）4005
http://www.zaikyo.or.jp

乱丁・落丁はお取替えいたします。

ISBN978-4-7547-2804-5

印刷　恵友社